당신이 몰랐던 MBTI

BOOK
JOURNALISM

당신이 몰랐던 MBTI

발행일 ; 제1판 제1쇄 2022년 6월 13일
지은이 ; 김재형
발행인·편집인 ; 이연대 에디터 ; 김혜림
디자인 ; 권순문 지원 ; 유지혜 고문 ; 손현우
펴낸곳 ; ㈜스리체어스 _ 서울시 중구 한강대로 416 13층
전화 ; 02 396 6266 팩스 ; 070 8627 6266
이메일 ; hello@bookjournalism.com
홈페이지 ; www.bookjournalism.com
출판등록 ; 2014년 6월 25일 제300 2014 81호
ISBN ; 979 11 91652 06 2 03300

BOOK
JOURNALISM

당신이 몰랐던 MBTI

김재형

; 어느 순간 SNS에는 MBTI에 대한 정보가 넘쳐난다. MBTI는 개인화 서비스가 되었고 마케팅 전략이 됐다. SNS가 알려주지 않는 MBTI에는 관계를 상상하는 법이 담겨있다. 개발자들은 전쟁의 아픔을 반복하지 않기 위해 MBTI라는 도구를 발명했다. 이 발명품에서 우리는 무엇을 얻을 수 있을까?

차례

코로나19의 확산으로 전 세계가 멈췄다. 다른 나라와의 교류는 중단됐고, 코로나 바이러스 감염자가 자국으로 들어오는 것을 막기 위해 많은 국가들이 안간힘을 썼다. 우리 모두는 그렇게 판데믹에 대응했고, 누구도 예외는 없었다. 하지만 세상의 모든 게 멈춘 것은 아니었다. 온라인 세상은 더 활발해졌다. 우리는 매 순간 전 세계의 코로나19 상황을 온라인을 통해 접했다. 변이 바이러스가 출현할 때마다 사람들은 자의로든 타의로든 이동을 자제했다. 대신 온라인 세계에서 전 세계 사람들과 교류를 늘렸다. 온라인에는 인간이 살아가는 과정과 관련한 모든 정보가 있다. 과거의 정보는 현재의 수준에 맞게 업데이트되기 시작했고, 현재의 정보는 지금 시대의 사람들이 받아들일 수 있는 포맷으로 바뀌었다. 판데믹으로 인해 세상은 잠시 멈칫했지만 끊임없이 새로운 모습을 만들어온 셈이다.

인간은 관계를 통해 자신의 존재를 확인하는 사회적 동물이다. 코로나19는 물리적 관계 형성과 관계의 확장을 막았다. 청소년기와 청년기의 사람에게 활동과 관계는 특히 중요하다. 이 시기의 사람들은 교류를 통해 대인 관계의 폭과 깊이를 확장하고 자기 자신을 드러낸다. 사회적 동물이자 적응의 동물인 인간은 온라인 세계로 이동했고, 그 속에서 새로운 관계망을 형성했다.

인간은 온라인 세계 속에서 정보를 오직 소비하는 존재가 아니다. 그보다는 교류하는 존재에 가깝다. 소셜 미디어에서 자신을 드러내는 행위는 잘나가는 누군가를 흉내 내는 것만으로 가능하지 않다. 타인과 구별되는 나만의 정체성을 드러내야 하는 일이다. 자신의 정체성은 단순하면서도 거창한 질문에서 찾을 수 있다. "나는 누구인가?" 이 질문에 스스로 답하지 않는다면 자신의 정체성을 찾을 수 없다. 그러나 이 질문에 답하기는 쉽지 않다. 온라인으로 눈을 돌린 이들은 불특정 다수에게 이 질문에 대한 답을 어떻게 찾을 수 있는지에 대해 물었다. 친절한 온라인 세상은 다양한 방법을 제시했다.

그러나 "나는 누구인가?"에 대한 답은 심리학에서도, 심리검사에서도, MBTI에서도 찾을 수 없다. 누군가는 MBTI와 유사한 문항으로 만들어진 온라인 무료 간이 검사 사이트 주소를 던진다. 그냥 한 번 해보라는 식이다. 1940년대에 최초로 문항이 만들어진 MBTI는 그렇게 다시 한 번 대중에 의해 소환됐다. 많은 이들은 MBTI에 대한 자신의 이해와 활용 경험에 대한 후기를 공유했다. 확산의 과정 속에서 MBTI에 대한 무수히 많은 정보가 양산됐다. 목적은 선의였으나 이 정보들은 여과 없이 몸집을 불렸다. 온라인 세계 속 MBTI에 대한 정보는 마치 마인드맵처럼 무궁무진하다. 사람들은 알고리즘에 이끌려 MBTI와 관련된 정보가 보이면 마치 블랙홀처럼 클릭을 무한 반복했다. MBTI는 이 무한한 클릭 과정 속에서 끝을 알 수 없을 정도로 퍼져 나갔다. 그 과정에서 진짜 MBTI는 잊혔다.

몇 년 전부터 방송, 뉴스, 매거진, 기업 교육, 대학교, 영상 등 대중이 접하는 거의 모든 매체와 기관은 MBTI를 찾았다. 17년간 한국MBTI연구소에서 MBTI를 연구한 연구자의 입장에서, 또 MBTI를 올바르게 사용할 수 있도록 전문가를 양성하는 교육자의 입장에서 MBTI에 대해 자세히 설명했으나 소통의 장벽은 높았다. MBTI의 16가지 성격유형의 특징에 관심의 초점이 맞춰진 상황에서 MBTI 자체가 무엇인지를 알리는 일은 쉽지 않았다. 시간과 지면에 한계가 있었다.

국내에는 다양한 분야에서 MBTI를 활용할 수 있도록 특징을 자세히 정리한 서적이 많이 출판돼 있다. 이 책은 16가지 성격유형별 특징을 자세히 전달하는 책이 아니다. 이 책은 MBTI가 무엇인지, 또 지금 MBTI를 눈여겨 봐야할 이유는 무엇인지를 분석한다. 16가지 성격유형을 접할 때, 또 자신과 다른 유형의 성격을 이해할 때, 불편한 성격을 만날 때 어떤 관점으로 그를 받아들여야 하는지를 제시하는 하나의 길잡이에 가깝다.

MBTI라는 심리검사도구는 자신과 타인을 이해하는 도구로 개발됐다. 시대를 거치며 동시대 사람들이 활용할 수 있도록 지속적으로 업데이트되고 있기도 하다. MBTI와 관련해 사람들이 가진 다양한 편견들이 있다. 'MBTI는 과학이다', 'MBTI는 단정적이다', 'MBTI는 사람을 틀에 가둔다' 등의 피드백에서 알 수 있다. 그러나 MBTI 도구 자체는 MBTI에 대해 말하지 않는다. 다양한 편견들은 MBTI라는 도구가 아닌 그를 사용하는 사람의 문제일 가능성이 크다.

MBTI를 통해 "나는 누구인가?"에 대한 답을 찾고자 하는 이와 MBTI가 도대체 무엇인지 궁금한 이들에게 이 책이 도움이 되길 바란다.

MBTI 뜯어 보기

전쟁의 한복판에서 태어난 MBTI

MBTI를 개발한 이사벨 브릭스 마이어스Isabel Briggs Myers와 캐서린 쿡 브릭스Katharine Cook Briggs 모녀는 심리학 전공자도, 인문학 및 사회과학의 연구방법론에 익숙한 이들도 아니었다. 둘 모두 대학 교육은 받았으나, 어머니 브릭스는 미국 미시건농업대학교에서 농업을 전공했고, 딸 마이어스는 미국 스와스모어대학교에서 정치학을 전공했다. 브릭스는 교육에 관심이 많아 마이어스가 대학에 입학하기 전까지 홈스쿨링으로 가르쳤고, 이웃집 아이들의 교육에도 도움을 줬다. 이 과정에서 브릭스는 아이들이 가진 각자의 장점에 주목했다. 개인이 가진 장점을 개발해 키워낸다면 더 나은 삶을 살 수 있다는 기대 섞인 생각이 MBTI 개발의 시작이었다.

마이어스와 브릭스가 MBTI를 개발한 1900년대 초중반, 인류는 두 번의 세계 대전을 겪었다. 전 세계는 전쟁의 후유증에 시달렸고, 미국도 예외는 아니었다. 참전한 사람들은 국가를 위한다는 미명 아래 자신만큼 소중하고 존귀한 또 다른 누군가를 살상했다. 전쟁에서 살아남은 자는 조국과 사회로 돌아와 고통 속에서 여생을 보냈다. 마이어스와 브릭스는 이 전쟁의 고통을 마주하며 근본적 질문에 대한 답을 찾으려 했다. 인간은 왜 인간을 죽이는가? 왜 인간은 타인을 고통스럽게 하는가?

이 질문은 인간다움과 개인의 정체성을 찾아가는 방법으로 닿았다. 전쟁 중 미국 본토에 남아 있던 대다수의 여성 가운데 한 사람이었던 브릭스는 전쟁의 실상과 참상을 다양한 뉴스를 통해 접했다. 브릭스의 관심은 진행 중인 전쟁 상황이 아니라 전쟁 이후였다. 그녀는 전쟁 이후의 미래를 고민했다. 다음 세대가 전쟁을 겪지 않게 하는 것을 넘어 어떤 가치와 삶의 목적을 갖고 살아가야 하는지를 스스로 묻고 찾을 수 있도록 교육하는 것으로 시선을 돌린 것이다. MBTI는 각자가 자신의 역량을 발휘할 수 있는 분야를 파악하고, 고유한 장점을 극대화시켜 '자기답게' 살아가는 사회를 바랐다. 자신답게 사는 사람들이 만들어 갈 미래는 전쟁을 겪은 지금과는 다른 모습일 수 있다는 희망이 MBTI를 빚어냈다.

무의식의 질서

MBTI라는 심리검사도구는 마이어스와 브릭스가 개발했지만, MBTI를 언급할 때 빼놓을 수 없는 심리학자가 있다. 스위스의 심리학자 칼 구스타브 융Carl Gustav Jung이다. 융의 심리학은 MBTI를 개발한 두 모녀에게 MBTI의 이론적 배경을 제시했다. 융의 심리학은 지그문트 프로이트Sigmund Freud의 학설과 긴밀한 연관을 맺고 있다. 융은 프로이트의 학설인 성욕중심설을 바탕으로 인간의 무의식 세계를 연구했다. 융은 초기에는 프로이트의 학설을 옹호하는 입장이었으나 프로이트의 성욕 중심설에 대한 비판으로 결별했고, 후기에는 인간의 무의식 세계에 관한 탐구와 연구에 몰두했다.[1]

용 학설의 핵심은 그의 자서전 첫 문장에서 찾을 수 있다. "나의 생애는 무의식이 그 자신을 실현한 역사이다." 융은 무의식 탐구에 자신의 일생을 바쳤다. 융의 심리학은 분석심리학Analytical Psychology이다. 분석심리학은 인간 정신의 구조를 의식과 무의식으로 구분하고, 그를 직접 체험하고 경험하여 정립하는 심리학설이다. 융의 학설은 생각하여 꾸며낸 논리적 사고의 결과도 아니고 최고의 진리임을 주장하는 신앙 고백도 아니며 실험적, 통계적 고찰의 결과도 아니다.[2] 융은 무의식을 직접 체험하고 이론으로 구축했다.[3] 융의 분석심리학은 많은 사람들의 마음을 관찰하고 스스로의 마음의 움직임을 진지하게 살펴 간 사람의 경험을 토대로 엮은 가설이다. 융 심리학의 중심에는 마음의 구조가 있다. 융은 인간의 마음을 다양한 용어로 구조화한다. 마음은 의식Consciousness의 주체인 자아Ego, 무의식Unconsciousness, 그림자Shadow, 외적인격(페르소나 Persona), 내적인격(아니마Anima와 아니무스Animus), 원형 Archetype, 자기Self로 구성되어 있다.

MBTI의 이론적 배경은 융의 심리학적 유형에 기초한다. 이 심리학적 유형은 평생을 무의식 연구에 바친 융의 심리학에서 유일하게 의식을 다루는 이론이다.

　　"어떻게 내가 프로이트와 그리고 아들러와 구별되는가? 우리의 견해의 차이는 무엇인가? 여기 관해서 생각하여 보니 유형과 관련한 문제에 부딪히게 되었다. 왜냐하면 인간의 판단을 미리부터 결정하고 제약하는 것은 바로 그 사람의 형Typus이기 때문이다."[4]

　　융은 심리학적 유형론을 통해 타인과 자신을 구별할 수 있다고 밝힌다. 심리유형론은 무의식을 말하기 위한 의식심리학에 가깝다. 이런 맥락에서 심리유형론은 의식 세계의 패턴을 통해 무의식에 다다르게 하려는 이론이다.

　　유형이론의 본질은 수없이 다양한 사람의 행동을 질서와 일관성을 통해 분류할 수 있다는 아이디어다. 사람들의 행동이 수없이 다양하게 보여도, 실제로 사람들의 인식과 선호는 질서가 있고 일관돼 있다. MBTI에서 말하는 인식은 정보를 수용하는 것과 관련된 것으로, 사물, 사람, 사건 또는 사상을 깨닫는 방식이다. 판단은 인식을 토대로 어떤 결론에 도달하는 방식과 관련된다. 만약 사람이 무엇인가를 인식하고 결론에 도달하는 방식의 차이가 체계적이라면, 사람의 흥미, 반응, 가치, 동기, 기술 등에 있어서 유형적인 차이가 있을 수 있다.[5] 이것이 MBTI의 관점이다.

　　융은 직접 일상을 경험하고 관찰하여 사람들 각자의 인

식과 판단에서 패턴을 발견했다. 마이어스와 브릭스 모녀는 이를 일상생활에 적용하고 검사 문항으로 대중화시켰다. 그렇게 MBTI가 탄생했다.[6]

MBTI는 과학일까?

사람들은 글이나 대화 속에 과학이라는 단어가 포함되어 있으면 맹신에 가까운 입장을 취하는 경우가 많다. '과학적'이라는 단어가 역설적으로 맹신을 부르는 셈이다. 학문이나 이론은 검증의 대상이지 믿음의 대상이 아니다. A theory는 존재하지만, The theory는 존재하지 않는다. 모든 이론은 하나의 이론일 뿐, 불변하는 진리는 아니다. 과학도 마찬가지다. 하나의 이론은 과학적 방법을 통해 검증될 수 있지만 그 자체로 진리가 될 수는 없다.

과학에 대한 맹신을 넘어 더 깊은 맥락을 바라볼 필요가 있다. MBTI가 개발된 1900년대의 시대 상황, MBTI 배경이론의 주창자인 융, 마이어스와 브릭스 모녀의 MBTI 개발이유 등을 포괄적 맥락 속에서 바라보는 관점을 가질 때 비로소 MBTI라는 심리검사도구가 무엇인지 알 수 있다.

과학과 MBTI 사이에는 'MBTI는 과학이 아니다' 혹은 'MBTI는 유사과학'이라는 논지가 따라붙는다. MBTI는 '과학적 방법'으로 검증된 심리검사일까? 과학적 방법이란 하나의 이론을 검증하기 위해 다양한 자료를 수집하고, 객관적, 체계적, 경험적 연구를 통해 결과를 해석하는 과정이다. 누구나 이론을 만들어 낼 수 있다. 그러나 그 이론이 기존에 검증한 동일 분야의 다양한 이론들과의 연구 관련성[7]이 없고, 경험적 연구를 통한 검증이 불가능하다면 학계는 이러한 이론을 '비과학적'이라고 평가한다.

'MBTI는 과학이다'라는 표현은 '침대는 과학이다'라는 광고 문구에서 착안해 소셜 미디어에서 유행어처럼 만든 표현이다. 엄밀히 말하면 MBTI는 과학적 도구다. MBTI는 융의 심리유형론을 바탕으로 개발된 문항을 갖고 있으며, 다양한 연령층의 검사 대상자들의 응답을 분석하는 과정을 거쳤다. 그 측정 결과를 바탕으로 선호지표별, 16가지 성격유형별로 사람을 분류했다. 검사 대상자들의 응답 결과는 통계의 신뢰도와 타당도를 기준으로 분석된다. MBTI는 오랜 세월 동안 신뢰도와 타당도를 확보하기 위해 노력해 왔고, 심리검사도구로서 받아들여질 수 있을 수준의 결괏값을 가지고 있다.[8]

그럼에도 불구하고, MBTI는 왜 과학 논쟁에 끊임없이 소환될까? 두 가지 쟁점이 있다. 첫 번째는 학계 수용의 경직성이다. MBTI를 개발한 모녀가 심리학 전공자들도, 심리검사 개발을 위한 연구방법론에 익숙한 사람들이 아니었기에 학계의 수용에 어려움이 있었다. 미국교육평가원ETS에서 'MBTI

Form F'를 표준화할 당시에 마이어스는 심리검사도구 개발을 위해 기본적으로 갖추고 있어야 하는 다양한 심리 측정 결괏값을 가지고 있지 않았고, 수집한 표본의 수가 턱없이 부족하기도 했다. 게다가 마이어스가 심리검사도구 개발을 위한 기초 통계학이나 연구방법론을 공부한 사람이 아니었기에 표준화 과정에서 상당한 시간이 필요했다. 그러나 심리검사를 개발한 사람이 심리학이나 통계학의 방법론이나 전문성이 없는 상태에서 심리검사를 개발했다고 해서 심리검사 결과의 정확성에 대해서 의문을 갖거나 개발에 문제가 있다고 판단하는 것은 잘못됐다. 마이어스는 자신에게 익숙하지 않은 심리학의 연구방법론의 한계를 극복하고자 심리학과 통계학의 기초부터 공부하면서 오랜 시간 MBTI를 과학적으로 검증하고자 노력했다. 검증 과정에 오랜 시간이 걸렸거나 개발자가 심리학을 전공하지 않았다는 이유로 이를 과학적이지 않다고 판단하는 것은 MBTI가 아닌 그를 받아들이지 못하는 학계의 문제다.

두 번째 쟁점은 융에 대한 비판적 여론이다. 무의식에 대한 과학적 접근에는 다음의 두 가지가 전제되어 있어야 한다. 첫 번째, 무의식을 과학적으로 검증하기 위해 무의식과 관련한 다양한 경험적 자료를 확보해야 한다. 두 번째, 인간이 자신의 무의식을 경험할 수 있는 방법을 찾아야 한다. 첫 번째와 두 번째 전제를 충족시키는 것이 있다. 바로 꿈이다. 현재도 융 분석가들은 내담자의 꿈 분석을 통해 내담자의 내면을 탐색해 간다. 과학적 방법론에 익숙한 연구자의 입장에서 무의식과 꿈은 검증하기 어려운 대상이다. 더 나아가 검증의 대상이 될 수 없다고 단정 지을 수도 있다. 따라서 융의 분석 대상 자체가 비판의 시험대에 오르게 된다.

이 두 가지 쟁점은 논쟁거리임에 틀림없으나, 동시에 MBTI가 발전할 수 있게 만든 논의 주제이기도 하다. MBTI가 서 있는 위치와 활용되는 분야는 대중을 향한다. 따라서 MBTI는 끊임없이 MBTI를 향한 비판과 논쟁에 대응하고 답해야 한다. 대중들이 MBTI에 친숙함을 느끼는 이유는 간단하다. 자신의 포괄적인 성격의 특징을 네 가지 코드의 조합으로 표현해 주기 때문이다. 현재 한국 사회에서 MBTI가 가장 많이 언급되는 곳은 소셜 미디어의 개인 PR이다. MBTI는 다양한 예능의 소재가 된다. 혈액형으로 성격유형을 파악했던 과거를 대체했고, 소개팅 상대의 성격을 파악할 수 있는 도구가 됐다. 때로는 궁합의 도구로 쓰이기도 한다. 누군가에게는 취업 과정에서 자기소개서에 기재해야 하는 정보가 되었고, 다양한 물건과 서비스를 판매하기 위한 마케팅의 소재가 됐다.

소셜 미디어, 예능, 소개팅, 궁합, 기업, 마케팅은 지금 이 시대를 살고 있는 모든 사람들이 거의 한 순간도 떨어져 있을 수 없는 장소인 삶의 공간이다. MBTI는 대중의 문화가 되었고, 활용은 삶의 전반이 되었다. MBTI가 이처럼 거부감 없이 사회에서 수용되고 있는 현실을 직시할 필요가 있다. 이에 따라 질문 역시 달라져야 한다. MBTI를 과학의 잣대로 판단하는 것이 아니라 왜 MBTI가 대중의 신뢰를 받고 하나의 문화로 자리매김할 수 있었는지를 질문해야 한다. 사회 현상이 된 MBTI로 시선을 옮겨야 한다는 뜻이다.

나만의 강점, 극복을 위한 힘

삶에서 MBTI를 활용할 수 있는 하나의 포괄적 관점은 긍정심리학적 관점이다. 세상을 바라보는 렌즈를 긍정심리학적으로 바꿔 끼운다면, MBTI는 유용한 도구가 될 수 있다.[9]

심리학은 무엇을 연구하는 학문이었을까? 심리학은 오랜 시간 동안 정신질환이라는 한 가지 주제에 매진해 왔다. 큰 성과를 거둔 것도 사실이다. 병증에 대한 정확한 진단, 정신질환의 발병 과정, 유전적 특징, 생화학적 작용, 심리적 원인 등에 대한 방대한 지식을 축적했지만, 이는 인간 심리의 부정적 측면을 주로 탐색했던 시도였다. 긍정심리학은 기존 심리학의 접근 방식과 다르다. 기존의 심리학적 접근이 타인의 단점이나 약점을 고치는 방식이었다면, 긍정심리학적 접근은 개인에게 낙관적인 사고방식과 행동 방법을 가르쳐 주는 식이다. 단점과 약점은 수정하고 고쳐야 하는 부분이 맞지만, 수정 과정에서 개인은 부정정서가 발현하게 된다. 그러나 낙관적으로 사고하고 행동하는 방법을 익히고, 자신의 강점을 발휘하게 되면 긍정정서를 자연스럽게 발휘할 수 있게 된다. 긍정정서를 자연스럽게 발휘한 아이는 사춘기에 접어들었을 때 우울증에 걸릴 확률이 반으로 줄어든다.[10]

기존 심리학은 다양한 정신적 문제를 증상적인 측면에 집중해 접근했다. 긍정심리학은 인간의 내적 특성에서 긍정적인 측면으로 관점을 전환하고 연구한다. 우울증을 예로 들 수 있겠다. 입원 치료를 하거나 극심한 우울 상태로 인해 일상생활이 어려운 몇몇 경우를 제외하고는, 우울증을 앓는 사람이라고 해서 하루 종일 우울한 것은 아니다. 대부분의 우울증 환자는 약물 치료와 상담 및 심리치료를 병행하면서 일상생활로 복귀하기 위해 희망을 갖고 하루를 버틴다. 기존 심리학은 우울증을 치료의 대상으로 보고 상담과 약물을 통해 우울 증세를 치료한다. 긍정심리학은 시선을 조금 돌려 우울한 사람이 자신을 받아들이고 버티는 힘을 밝혀내려 한다.

내·외적 병리나 일상의 크고 작은 어려움을 이겨내겠다는 마음가짐은 자동적으로 갖춰지지 않는다. 어려움을 극복하고자 하는 마음가짐은 개인이 가진 힘에서 태어난다. 경험을 통해 얻은 노하우는 대처 방식이 될 수는 있으나 이는 개인이 가진 근본적인 힘과는 다르다. 긍정심리학은 모든 사람이 각자 자신만의 강점(VIA: Value in Action. 강점 분류체계[11])을 가지고 있다는 것을 발견했다. 자신만의 독특한 강점을 찾고, 강화하면 내적인 힘 또한 강화된다. 결국 삶의 어려움이나 힘든 상황을 극복할 힘은 근본적으로 자기 자신에게 있다. MBTI는 긍정심리학의 관점에서 활용해야한다. MBTI는 자신이 무엇을 가장 좋아하고, 편안해 하는지를 파악하도록 하는 도구다. 이를 파악한 개인은 자신의 삶을 자기답게 살아갈 수 있는 힘을 얻는다. 자신의 MBTI 성격유형을 알고, 자신의 성격유형의 특징을 삶 속에서 발휘한다면 타인과의 비교가 없어도 자신만의 삶을 살아갈 수 있다. 의미 있는 삶으로 나아갈 수 있는 것이다.

성격심리학이 말하는 성격

"쟤 성격 어때?"라는 질문에 사람들은 자연스럽게 답한다. 누구나 쉽게 성격을 정의하지만 결국 그 판단의 기준은 '자신'이다. 우리는 객관적 기준으로 성격을 표현하지 않는다. 나에게 편하고 좋으면 좋은 성격, 나와의 관계에서 편하지 않다면 별로 좋지 않은 성격으로 쉽게 분류된다. 이 기준은 '나'라고 하는 사람의 삶의 가치관, 신념, 종교, 양심, 윤리 등에 영향을 받는 주관적 기준이다.

성격심리학은 좋은 성격과 나쁜 성격을 분류하고 찾는 학문이 아니다. 성격심리학은 성격을 구성하는 내적 속성을 분석하고 그러한 속성이 어디에서 기인하는지를 탐구한다. 우리가 일반적으로 '착하다', '편안하다', '까다롭다' 등으로 표현하는 성격의 특징은 성격을 학문의 영역에서 다루고 있는 성격심리학의 성격과 사뭇 다르다.

성격심리학은 사람들이 어떻게 서로 비슷하고, 서로 다른지를 규명하고, 어떤 이유에서 비슷하고, 다른지를 설명하고자 한다. 누군가가 자신을 '편안한 사람'이라고 표현할 때, 그 '편안함'이 내면의 요인 때문인지, 혹은 외부의 조건이나 사건에 의한 것인지를 밝혀낸다. 성격심리학은 과학적인 연구 방법을 사용해 성격의 유사점과 차이점을 규명한다. 성격심리학은 개인의 독특성을 연구하기에 '개인차 심리학'이라고 일컫기도 한다.

성격을 파악하는 심리검사도구인 MBTI도 성격심리학 범주 내에 포함된다. 성격심리학 연구자들은 성격을 다양하게 정의하고 있다. 미국의 심리학자 로렌스 퍼빈Lawrence A. Pervin과 올리버 존Oliver P. John은 성격을 감정, 사고, 행동의 일관된 패턴들을 설명해 주는 그 사람의 특징이라고 정의했다. 미국의 심리학자 로버트 리버트Robert M. Liebert는 "성격은 한 특정한 개인의(신체적, 심리적) 특징들의 독특하고 역동적인 조직"으로 정의한다. 그는 이 특징들이 "사회적 및 물리적 환경에 대한 행동과 반응에 영향을 미친다"고 보았으며 "이 특징들 중에서 어떤 것은 그 특정인에게 전적으로 독특하고, 어떤 것들은 소수 또는 다수 또는 모든 타인들과 공유된다"고 분석했다.[12]

심리학자들마다 성격의 개념과 정의에는 차이가 있으나 한 가지 공통 개념이 존재한다. 바로 '일관된 패턴'이다. MBTI 또한 일관된 패턴이라는 공통분모를 공유하고 있다. MBTI는 한 개인의 일관된 패턴을 단일한 유형으로 분류한 것이고, 일관된 패턴의 성격유형을 16가지로 분류한 성격분류 체계다. 이런 맥락에서 MBTI는 궁합, 능력을 분류하는 도구가 아니다. 당연히 타인을 줄 세우기 위한 방법도 아니다.

MBTI가 말하는 성격

모든 검사는 해당 검사가 무엇을 측정하고 알아보는지를 안내받아야 한다. 자의건 타의건 많은 이가 자신의 MBTI 성격 유형을 알고 있으나, 실상 MBTI가 무엇을 알아보는 검사인지조차 듣지 못한 이가 대부분이다. 많은 이들이 지적하는 MBTI의 문제점이 이로부터 기인한다. MBTI를 단순히 피검자가 자신이 이해하는 수준으로 성격을 알아보는 것이라 생각하게 되면 검사 시마다 결과가 달라지기 쉽다. MBTI에 대한 사전 이해와 적절한 결과 해석이 뒷받침된다면 이러한 오류는 대부분 사라진다.

융의 심리유형론과 마이어스와 브릭스가 말하는 성격은 '선천적 선호 경향성'이다. MBTI가 알아보고자 하는 것은 선천성innateness, 선호성preference, 경향성tendency, 이 3가지가 합쳐진 성격이다.

MBTI가 말하는 것: 선천성

성격심리학 내에서 끊이지 않는 논쟁 중 하나가 인간의 성격이 선천적으로 타고나는 것인지, 후천적으로 만들어지는 것인지에 관한 문제다. 후천성에 무게를 두는 학자들은 인간이 백지 상태에서 태어난다는 입장을 고수한다. 아무것도 없는 상태에 경험치를 쌓아가면서 자신의 성격을 형성한다는 입장이다. 다양한 환경을 통해 만들어지는 후천적 성격 역시 MBTI가 고려하는 중요 요인이나, MBTI는 기본적으로 '선천성'에 무게를 두고 있다. 인간은 후천적인 경험을 담아낼 그릇을 갖고 태어나고, 인생을 살아가며 경험한 것들은 이 그릇에 담긴다. 각자가 출생하면서 갖고 나오는 그릇은 모두 다른 모양이다. 선천성은 융이 심리유형론에서 언급한 성격의 기본 전제다. 마이어스와 브릭스도 융의 이론을 받아들여 MBTI에 이론적 근간으로 적용했다.

MBTI가 말하는 것: 선호성

선호성은 MBTI가 측정하고자 하는 성격의 핵심이다. MBTI는 더 좋아하는 쪽, 더 편안한 상황을 찾아가는 검사다. 오른손잡이와 왼손잡이를 스스로 결정하고 태어나는 사람은 없다. 사용이 편안한 방향은 선천적임과 동시에 성장하면서 자연스럽게 결정된다. 오른손잡이는 오른손을 사용할 때 편안하지만 평생 오른손만 사용하며 살아가는 것은 아니다. MBTI역시 마찬가지다. 누구는 딸기를, 누구는 포도를, 누구는 귤을 좋아하지만 이 중 가장 맛있는 과일은 없다. 개인의 선호에는 경중이 없기 때문이다. MBTI는 저마다 가장 좋아하는 것, 편안한 것을 선천적으로 갖고 태어난다는 것을 전제한다. MBTI는 불량 사과를 찾거나 가장 맛있는 과일을 가리는 검사가 아니다.

'저 사람은 딸기의 맛과 향을 내는 사람이고, 나는 포도의 맛과 향을 내는 사람이어서 우리가 서로 다르구나'를 알아보는 심리검사도구에 가깝다.

MBTI가 말하는 것: 경향성

MBTI의 검사 결과인 네 개의 코드가 같다는 것은 성격 특성 중 유사하거나 공유하는 부분이 많다는 의미다. 이는 MBTI의 경향성이다. 경향성은 MBTI를 검사하고 알게 되는 결과인 네 개의 코드를 확인한 사람들이 빠지는 함정이거나, 오해하는 부분이기도 하다. 검사 결과인 네 개의 코드가 동일하면 성격이 같을까? 이 관점에서 나아가 어떻게 인간을 16가지 유형으로 단순하게 구분할 수 있냐고 반문하기도 한다.

경향성은 성격심리학의 다양한 학자들의 성격 개념에서 공통적으로 드러난다. 예를 들어, 외향성 선호인 사람은 일상에서 외향적인 선호 경향성을 드러내고 사는 것이 편안하다는 것이지 일상의 모든 상황에서 무조건적으로 외향적 선호를 드러내고 사는 사람이라고 말하는 것은 아니다. 외향 선호인 사람은 일상의 다양한 상황에서 외향 선호를 드러내는 빈도가 높다. 그러나 상황에 따라 부분적으로 내향적 특징도 충분히 드러낼 수 있다. 개인의 성격의 경향성에 더하여 자신만의 특징인 독특성이 포함되면 그것이 개인의 고유한 성격이라고 말할 수 있다.

개인의 사적인 삶뿐만 아니라 회사에서도 계획을 세워 체계적으로 일을 처리하는 A라는 사람을 생각해 보자. 삶의 거의 모든 부분에서 체계적으로 구조화되어 있는 라이프스타일을 선호하는 A가 여행을 갈 때는 마음 가는대로 여행지를 돌아다니는 것이 재미있고 즐겁다고 한다. 이런 A에게 여가 생활을 하거나 여행을 가서도 일관적으로 계획을 세워서 살라고 말할 수는 없다. 아마 이렇게 말하면 도리어 제정신이냐고 한소리 들을 것이다. A는 삶의 거의 모든 상황에서 계획과 체계를 갖춰 구조화된 삶을 사는 것이 편안한 경향성을 가진 사람이지만, 여행이나 여가라는 독특한 상황에서는 자신의 일반적인 경향성과는 다른 자신만의 독특한 성격적 특징이 나타난다. 개인마다 갖고 있는 독특성은 MBTI 구조 속에서는 반대 선호의 모습일 수 있다. 다만 그 독특성이 편안한지, 아니면 외부 환경에 의해서 생겨난 것인지는 전문적 해석의 영역이다.

모두의, 각자의 씨앗

융에게 있어 성격은 씨앗이었다. 모든 사람은 성격이라는 씨앗을 갖고 태어난다. 씨앗의 모양만 보고 그 씨앗이 어떤 모양의 나무와 꽃으로 자랄지 구분하기는 어렵다. 씨앗은 수많은 외부의 영향과 환경에 따라 다르게 자랄 수 있다. 씨앗을 땅속에 심는 사람이 누구인지, 어떤 땅에 심었는지, 햇빛은 잘 들어오는지, 정기적으로 물과 거름을 주는지, 병충해를 막기 위해 어떤 노력을 하고 있는지 등등이다. 씨앗 하나가 한 그루의 나무로 자라기 위해서는 수많은 보살핌의 과정과 다양한 노력이 필요하다. 씨앗의 속성만큼 중요한 것이 그 씨앗이 자라날 환경이다.

성격도 씨앗의 성장과 유사하다. 태어날 때부터 자신의 성격을 알고 태어나는 사람은 없다. 부모조차 아이의 성격을 완벽하게 알 수 없다. 아이는 성장 과정에서 다양한 환경을 만나면서 자신에게 편안한 선호를 찾아 나선다. 때로는 환경으로 인해 자신의 선호를 잊고 환경이 요구하는 모습으로 살아가는 걸 선택하기도 한다. 이 과정에서 '타인에게 보이는 나'로 일종의 가면을 쓰는데, 이 가면을 '페르소나persona'라고 칭한다.

흔한 페르소나 유형 중 하나가 직업유형이다. 직장에서 요구하는 업무 패턴에 맞추다보면 본연의 편안한 모습이 아닌 업무처리에 용이한 모습에 자신을 적응시킨다. 단기간은 그러한 모습으로 살아갈 수 있다. 그러나 지속적으로 자신의 편안한 모습을 감춘 채 주변 상황에 자신을 맞추다 보면 필요 이상의 에너지를 끌어 써야하는 경우가 많아진다. 흔히 '번

아웃'이라 부르는 심리적 탈진은 갑자기 발생하는 것이 아니다. 지속적으로 자신답게 살아가지 못한다면 누구에게나 일순간에 찾아올 수 있다. 그렇다고 번 아웃을 피하기 위해 업무 상황에서 본인에게 편안한 모습으로만 살아갈 수는 없다. 이상적인 방법은 조율과 조정이다. 업무 패턴에 적응하면서 심리적으로 막혀 있던 것을 업무 외의 상황에서 다시 자신다운 모습으로 전환하는 식이다.

MBTI 검사 결과인 유형을 받아든 이들 중 25퍼센트는 해당 유형이 자신의 모습을 표현하지 못한다고 답한다. 그 25퍼센트에는 검사에 대한 안내를 받지 못한 이들이 다수 포함되어 있고, 페르소나를 쓴 성격을 답한 이들도 포함돼 있다. 검사를 할 때마다 결과가 다르게 나타난다는 피검자의 경우, 검사를 실시하는 그 상황과 주변의 요구에 따른 반응을 했을 가능성이 높다. 따라서 상담 및 해석을 통해 현재 자신이 자신의 성격유형답게 살아가고 있는지, 혹은 다양한 환경이 요구하는 상황에 맞춰 살아가고 있는지를 확인하고, 본연의 특징을 함께 찾아갈 수 있다. 주변 환경에 맞춰 살아가며 반복되는 내적 갈등은 어느새 삶의 중심을 무너뜨릴 수 있다. 페르소나 자체를 벗어던지는 것은 사실상 어렵다. 다만 본연의 자기다움을 찾고 편안한 상황에서 본연의 성격을 드러내 내적 갈등을 해소하는 것이 필요하다. 결국 MBTI 해석 과정은 본인이 가진 씨앗을 발굴해 내는 과정이다.

MBTI는 열매를 끝으로 보지 않는다. 다음 해에는 더 탐스럽고 많은 열매를 맺어야 하고, 그 다음 해에는 기둥이 더 굵어져야 하고, 그 다음 해에는 또 다른 성장 과정을 거쳐야한다. 성격유형도 마찬가지다. 본인의 성격유형은 검사 결과일 뿐이다. 검사를 통해 알게 된 자신의 성격유형을 바탕으로 일생의 과정 속에서 성장과 성숙을 거치는 것이 중요하다. 자기답게 살아간 사람은 자기 자신에 대한 이해와 수용의 수준에서 다른 성격유형을 가진 이의 삶과 모습을 수용하고 존중할 수 있다. 성격은 평생 동안 성숙해질 뿐 완성되는 것은 아니다. 기억해야 할 것은 작디작은 성격의 씨앗이 가진 무한한 잠재 가능성이다. '나'라는 사람이 그러한 무한한 잠재 가능성을 품고 있는 개별적 존재라는 것을 잊지 않는다면, 나 자신을 존중할 뿐만 아니라 지금 내 옆의 모든 사람이 존중받아야 할 존재라는 생각을 하게 된다. 타인과 자신의 성격적 차이는 이러한 존중이 전제된 관계 속에서만 다룰 수 있다.

성격은 변할까?

흥미로운 연구 결과를 소개하고자 한다. 한국에서 주로 사용하는 'MBTI Form M' 버전의 한국 표준화 연구 참가자 유형 분포를 살펴보면 성인에게서 가장 많이 나타나는 성격유형은

ISTJ 유형이었다. 전체의 14.7퍼센트다. 그러나 어린이 및 청소년을 대상으로 사용하는 MBTI인 CATi(Child & Adolescent Type Indicator)는 정반대였다. CATi 표준화 과정에서 가장 빈도가 높은 유형은 18.8퍼센트를 차지한 ENFP였다. ISTJ의 정반대 유형이다. 그렇다면 MBTI가 드러내는 선천적 선호가 시간의 흐름이나 성장에 따라 변하는 것일까? 이러한 유형 분포의 변화를 이해하기 위해서는 성격유형의 발달을 알아야 한다. 성격유형은 생애주기를 따라 타고난 선천적 선호 경향과 환경의 상호 작용을 통해 발달한다.

인간은 스스로 알아서 살아가는 존재가 아니다. 인간은 태어난 이후 타인의 보살핌 속에서 살아가는 의존적인 존재다. 의존적 존재인 인간은 학교와 사회 등에 진입하면서 다양한 사람을 만나고 새로운 환경을 마주친다. 가족을 벗어나 학교나 학원이라는 작은 사회를 접하고 경험하는 아이들은 타인의 특징을 수용하고 조화하며 살아간다. 특히 발달 과정에 있는 어린 아이의 경우, 교사의 가르침, 또래집단의 특성 등을 스펀지처럼 쉽고 빠르게 습득한다. 초등학생과 중학생은 시기상 주변 환경과 다양한 사람들의 영향을 많이 받는다. 따라서 선천적으로 타고난 선호의 모습보다는 주변 환경에 자신을 맞추고 적응한 모습으로 살아갈 가능성이 높다. 부모님이나 교사가 원하거나 요구하는 성격유형으로 자신을 표현할 수 있다. 이 시기를 거친 이후인 청년기와 성인기는 자아 정체성 확립에 대한 욕구가 높다. 따라서 자신의 선천적 선호를 더 활발하게 사용하면서 자신만의 모습을 확립한다. 이 과정을 거친 후 자신의 선천적 선호는 더 편안해진다.

MBTI는 성격유형 발달을 전반기와 후반기로 분리한다. 출생부터 청년기까지는 전반기, 중년기 이후부터 생을 마칠 때까지는 후반기다. 인생의 전반기는 자신의 선천적 선호 경향성을 전문화Specializing하는 시기다. 마치 전문가처럼 자유자재로 자신의 특성을 이용하고, 자신의 방식대로 사용한다. 전문화하는 시기라는 특성 외에도 아동 및 청소년기 유형 변화에는 여러 요인이 개입한다. 해당 시기는 탐험과 훈련이 이뤄지는 시기이기 때문이다. 예를 들어, 청소년기는 외향과 관련된 특징으로 인해 주변으로부터 인정을 받는 시기이다. 그로 인해 어떤 청소년은 실제로 내향이 자신의 진정한 모습이고 편안한 선호이지만, 외향으로 반응할 수 있다. 또한 보호자의 기대와 자신의 선호 사이에서 선택의 어려움이 있을 수 있다. 이외에도 다양한 환경 요인이 있을 수 있다.

• 계획·체계·목표 지향적인 회사 내 업무의 요구와 유연·즉흥·개방적이면서 자유로운 자신의 선호 사이에서 혼란스러운 느낌을 가질 수 있다.

- 사업 실패 등 삶의 위기 상황이나 지인의 죽음 등 내적 변화가 심한 상황에서 자신의 선호 반응을 하기 어려울 수 있다.
- 채용 등 권위와 연관된 상황에서 검사를 실시하면 자신의 선호 대신에 권위자의 선호로 응답하기도 한다.
- 사회·문화적인 압력에 의해 영향을 받을 수 있다. 사고형은 남성에게, 그리고 감정형은 여성에게 흔하다는 사회·문화적인 편견과 영향 속에서 갈등을 일으킬 수 있다.[13]

자신의 성격유형을 탐색하는 것에 있어 검사는 시작일 뿐이다. 생애주기와 함께 다양한 환경 요인을 받아들이고 분석하면서 편안한 유형을 찾아갈 수 있다. 인간은 적응의 동물이기 때문이다. 그럼에도 MBTI는 선천적 선호를 찾아가는 검사다. 적응은 상황에 따른 선택일 수 있지만 선호는 선택이 가능한 능력이나 역량과는 다르다. MBTI 검사가 자주 바뀐다면 자신의 능력이나 역량이 아닌 무엇이 더 편안한지에 주목해 접근할 필요가 있다. 검사 결과가 바뀐다고 조급해할 필요는 없다. 해석 과정을 통해 결과가 바뀌는 원인을 파악하고, 자신이 유형을 찾아가는 과정 속에 있다는 여유로운 마음을 갖는 것이 중요하다. 여유로운 태도는 자신이 할 수 있는 것이 아닌 좋아하는 것을 찾아 나서는 것에 도움을 준다.

한국 사회와 심리검사

학교의 MBTI 검사

MBTI가 어떤 심리검사도구인지 알기도 전에 많은 이들이 온라인에서 엄청난 양의 MBTI와 관련한 정보를 접한다. 오랜 역사를 가진 MBTI가 광범위하게 확산된 이유는 온라인에서 접할 수 있는 무료 간이 검사[14]의 확산과 그에 접근이 용이한 MZ세대의 관심에서 비롯되었다고 해도 과언이 아닐 것이다. 왜 MZ세대는 다양한 심리검사를 거부감 없이 받아들이고 있을까? 심리검사도구가 활발하게 사용되는 한국의 학교 및 사회와 관련이 깊다.

기본적으로 성인의 심리검사와 학생의 심리검사는 자발적인 참여 여부에서 차이가 있다. 성인의 경우 삶에서 크고 작은 어려움을 겪고 있는 상황에서 MBTI를 포함한 심리검사를 접하게 된다. 대부분 심리 치료, 혹은 정신건강 전문의를 통한다. 상담 및 치료 과정에서의 심리검사는 내담자의 검사에 대한 자발성이 있다. 어려움을 극복하고자 하는 필요에 의해 심리검사에 응하는 것이다. 그러나 학교에서 학생을 대상으로 실시하는 심리검사는 이와 다르다.

초등학교 1학년 학생의 삶을 상상해보자. 처음 만나는 다양한 학생들과 친구가 되기도 하고, 다투기도 한다. 교사는 학생에게 학급에서 지켜야 할 다양한 규칙들을 가르친다. 초등학교에 처음 입학하면 교과 과정 학습 외에 사회성 발달을 위한 교육이 집중적으로 이루어진다. 초등학교 1학년 학생들은 서서히 학교생활에 적응하면서 공부하는 방법과 함께 사회성을 발달시키기 시작한다. 학생의 개인차, 발달 수준, 가정환경 등으로 인해 사회성에도 차이가 발생한다. 그 과정에서 교사의 개입이 필요한 문제 상황도 발생한다.

한국 사회의 변화 속도는 다른 나라와 비교해서 빠른 편이다. 이에 따라 학교 문화도 굉장히 빠르게 변화하고 있다. 교사들의 학생 지도 문화도 변화하고 있지만, 더불어 학생 지도에서의 어려움 또한 다양하게 증가하고 있는 추세다. 부모 갈등, 학생의 학교 부적응, 학교 폭력 등의 다양한 이유로 인해 학생의 학습 결손이 장기적으로 일어나거나, 교사와 학생 사이에서 학생과 학생 사이에서 발생하는 인간관계의 어려움 등의 문제로 인해 교사가 학생을 이해하고 교육하는데 많은 어려움을 겪고 있다.[15] 코로나19 사태를 맞으며 이 어려움은 더욱 커졌다. 교사는 학생의 문제를 다각도에서 정확하게 파악하고자 내·외적 자원을 동원한다. 이때 교사는 학생의 문제 상황을 객관적으로 진단하고 파악하기 위한 방법으로 다양한 심리검사를 활용한다. 학생이 학교에 적응하지 못하거나 학습에 어려움을 겪는 등의 포괄적인 청소년 문제가 점점 더 낮은 연령층에서 발생하는 상황도 심리검사를 실시하는 이유 중 하나다.[16] 학교에서 활용하는 대표적인 심리검사는 진로적성검사, 인성 및 성격검사, 학습검사, 창의성 검사, 지능검사 등이 있다.

학교에서 실시하는 심리검사는 학생의 다양한 문제를 개인의 심리적 측면에서 원인을 찾고 해결하기 위한 도구로 활용되지만, 심리검사를 활용하는 학교 현장 상황을 들여다보면 심리검사를 활용하는 과정에서 간과하고 있는 여러 가지 문제들이 보인다.

① 심리검사에 대한 전문성 결여 ; 학급에서 심리검사를 사용하는 교사는 심리검사에 대한 사용 자격을 갖추고 있어야 한다. 혹은 검사 이후 심리검사 전문가를 통해 검사와 해석 과정을 거쳐야 한다. 특정 심리검사 결과에 나타난 특성에 대한 해석은 해당 심리검사 전반에 대한 전문성을 갖춘 전문가에게서 안내를 받아야 한다. 전문가의 해석이 동반되지 않은 심리검사결과 프로파일을 교사나 학생이 한 번 읽고 넘어가는 수준에서 파악해 버리면 중요한 결과 데이터들을 읽어내지 못할 수 있다. 나아가 주의가 필요하거나 위험 수준의 심리 상태를 나타내는 결과도 방치하게 되는 위험한 상황을 마주할 수 있다.

② 심리검사 결과에 대한 비밀 보장 ; 심리검사 결과는 비밀 보장이 필수적이다. 피검자의 검사 결과는 피검자의 동의 없

이 공개되어서도 안 되고, 피검자가 동의하더라도 교사나 전문가는 검사 결과를 공개해서는 안 된다. 심리검사 결과를 받아들이는 피검자의 이해 수준과 내적 성숙도는 같지 않다. MBTI를 예로 든다면, 자신의 성격유형과 다른 유형을 가진 사람을 섣불리 자신과는 맞지 않는다고 판단하거나, 유별나거나 이상한 사람이라는 식의 극단적 이해나 반응을 할 가능성이 있다. 학급 전체 학생들과 MBTI 검사와 함께 유형 이해 프로그램을 진행하면서 각 유형에 대한 전문가의 해석이 동반된다면 유형에 대한 오해를 최소화할 수 있으나 이러한 과정 없이 개별적으로 실시한 심리검사 결과를 학급이나 집단에 공개할 경우, 다층적인 오해가 발생할 수 있다.

③ 낙인효과 ; 한 개인은 초·중·고등학생 12년 동안 내·외적으로 큰 변화를 거친다. 심리검사는 개인을 명확하게 정의내릴 수 있는 도구가 아니다. 내적 변화를 거치는 과정 중 일부를 살필 수 있는 참고 자료일 뿐이다. 따라서 한 개인의 변화와 발달 가능성을 심리검사 결과로 제한하거나 고정시키는 것은 옳지 않다. 심리검사 결과를 통한 낙인은 타인에 대한 편의적 평가가 될 수 있기에 주의가 필요하다.

심리검사 실시와 해석에 충분한 시간을 할애할 수 없는 상황에서는 전문가의 전문적인 해석이 동반되지 않을 가능성이 있다. 심리검사 실시와 결과 프로파일만 제공할 가능성 또한 크다. 심리검사를 실시한 학생은 그 프로파일을 보호자에게 전달한다. 무엇을 알아보는 검사인지도 알지 못하는 보호자는 자신의 이해수준에서 결과 프로파일의 내용을 숙지하기 시작한다. 전문가의 해석이 동반되지 않은 자녀의 심리검사 결과 프로파일은 제대로 이해되지 못할 확률이 크다. 전문가의 해석이 동반되지 않으면 검사 결과의 특정 문구나 내용으로 한 개인을 편의적으로 낙인찍을 수 있다.

다른 나라는 어떨까? 예전에 한국MBTI연구소는 아동, 청소년용 MBTI인 MMTIC(Murphy Meisgeier Type Indicator for Children)를 업그레이드하기 위해 미국의 원저작권자와 논의를 거쳤다. 1993년 한국에서 표준화가 완료된 MMTIC는 2000년대 초중반까지 큰 문제없이 학교에서 활용되고 있었다. 2000년대 후반부터 교사들과 전문가들 사이에서 MMTIC의 업그레이드에 대한 요청이 늘었다. 이유는 피검사자의 이해도를 높이기 위한 검사 문항 어휘의 현대화였다. 한국MBTI연구소는 요청에 따라 미국의 원저작권자와 소통했다. 결과적으로 미국은 업그레이드를 추천하지 않았다. 미국에서는 아동기에는 MMTIC를 포함한 심리검사를 많이 실시하지 않는다는 것이 큰 이유였다. 아동기는 성장기이기 때문에 심리검사결과가 부정확하며 심리적, 신체적으로 성장, 발달하고 있는 한 개인을 고정적으로 바라보도록 만들 수 있다고 설명했다.

누군가는 다양한 심리검사를 통해 한 개인을 더 세분화해서 분석하려 하는 선택을 하고, 누군가는 다양한 심리검사가 한 개인의 성장과 발달을 수용하거나 담아내지 못하기에 제한적으로 사용한다. 문제는 심리검사가 하나의 상품이 되는 과정에서 발생한다. 심리검사가 상품이 되면서 판매하는 누군가는 마케팅을 해야 한다. 이 때문에 학교는 심리검사를 실시해야 하는 정확한 동인이나 학생의 선택 과정 없이 판매의 관점에서 심리검사를 실시하게 된다. 옆 학교에서 했는데 반응이 좋았으니 우리 학교도 뒤쳐질 수 없다는 정도의 생각이다. 그러나 심리검사가 적절한 과정으로 운용되지 않는다면 부작용은 더 커질 수 있다. 무분별하게 검사를 실시하기보다는 이 검사가 왜 필요한지, 어떤 과정을 통해 학생에게 닿아야하는지를 생각해야만 한다.

MBTI는 결핍을 말하지 않는다

MBTI는 특질이론이 아닌 유형이론의 관점에서 이해해야 한다. 특질이론을 바탕으로 개발된 외향성 측정 심리도구를 통해 외향성 척도에서 높은 점수를 받은 사람은 외향적 성향을 더 많이 지닌 것으로 해석할 수 있다. 외향성 척도에서 낮은 점수를 받은 사람은 성격 특질 중 외향이라고 규정된 성향이 결핍된 것으로 간주될 수 있다. 그러나 유형이론을 바탕으로 개발된 MBTI는 해당 성향의 절대적 양이 아닌 선호의 뚜렷한 정도를 범주화(약간, 보통, 분명, 매우 분명)한다. 다시 말해, 유형이론을 기반으로 한 검사에서 외향성-내향성을 측정하는 문항은 개인이 외향성 특성을 얼마나 많이 지니고 있는가를 말해주지 않는다. 유형이론을 기반으로 한 MBTI에서 외향성이 높은 이는 그를 내향성보다 더 선호할 뿐이다.

특질론을 바탕으로 개발된 심리검사는 측정measuring을 통해 얻은 수치화된 결과를 바탕으로 피검자의 향후 심리적 특성이나 행동 등을 예측하거나 추정할 수 있다. 예를 들어, 특질론을 기반으로 개발된 우울정도검사가 있다면, 해당 검사의 결과는 피검자의 우울 정도를 확인함과 동시에 그로 인해 향후의 어떠한 병리적 상태가 나타날 수 있는지를 추정한다. 이와 달리, 유형론 기반의 MBTI는 피검자의 향후의 행동을 예측하는 용도로 사용할 수 없다. 다시 말해, MBTI 결과를 가지고 '외향형이기 때문에 그렇다'와 같은 인과관계를 파악할 수는 없다는 것이다.

MBTI 검사 결과로 4가지 선호지표의 선호 분명도 지수, 또는 원점수라는 것을 확인할 수 있다. MBTI의 지수와 점수는 특질의 양이나 등급을 측정하거나 설명하지 않고, 2가지 상반

된 선호 중 한 쪽 방향에 반응하는 응답자의 상태를 확인한다. 하나의 대극을 선호하는 것은 정서적 건강이나 인지적 기능, 심리적 적응 등의 관계에서 모두 가치중립적이다. MBTI에서 피검자의 문항 반응을 통해 선택된 한 쪽의 선호지표는 응답자에게 있어 다른 한 쪽보다 자연스럽게 선호하는 방향이다. 이 선호는 저울과 비슷하다. 외향 쪽으로 기울어졌다고 해서 내향적 특징이 없는 것은 아니다. 다만 삶의 전반에 있어 외향적 성향을 드러내는 것이 편안하다는 것이다.

대극(외향성E-내향성I, 감각형S-직관형N, 사고형T-감정형F, 판단형J-인식형P)에 있는 선호는 반대 대극 선호와는 개념이 구분되어 있다. 예를 들어, MBTI의 사고형Thinking은 '논리적'이라는 특징이 있다. 사고형의 대극 선호지표는 감정형Feeling이다. 감정형이라는 대극 선호에는 정서적, 감성적, 허용적이라는 고유한 가치가 있다. 사고형이 논리적이라고 하여 감정형이 비논리적이지는 않다. 때로는 자신의 선호를 긍정적으로 표현하고 반대 지표를 부정적으로 표현하기도 한다. 외향형은 시끄럽다든지, 내향형은 소심하다든지 등이다. 한 개인의 선호는 결코 정답이 아니다.

내향은 외향의 부족으로 설명되지 않고, 외향 역시 내향의 결핍으로 해석되지 않는다. 외향이 자신의 생각이나 감정을 말이나 행동으로 표현하는 것을 선호한다면, 내향은 자신의 생각이나 감정을 즉각적으로 표현하기보다 신중하게 내면에서 숙고하는 것을 선호한다. 마찬가지로 사고형이 논리적이라면, 감정은 정서적이다. 그 어떤 선호도 부정적이지 않다. 중요한 것은 어느 한 쪽의 선호에 가치가 기울어지지 않도록 하는 것이다.

누구를 위한 심리검사인가

성격의 특징을 객관적으로 검증하고 파악하는 심리검사는 어떤 과정을 거쳐 개발될까? 성격을 표현하는 문항을 개발하고, 많은 검사를 거쳐 신뢰할 수 있는 결과를 도출하는 것이 기본 과정이다. 이에 더해 알아보고자 하는 성격이 어떤 배경 이론에서 검증됐는지를 분석해야 한다. 해당 배경 이론에 의해 정의된 성격을 가장 잘 드러내는 문항을 개발해야 하기 때문이다. 얼핏 단순해 보이는 문항들에는 개발자가 파악하고자 하는 심리적 특성과 그를 뒷받침하는 이론이 전제돼 있다.

MBTI의 이론적 배경인 융의 심리유형론을 포함해 다양한 심리검사도구의 배경 이론은 주로 심리학자의 문헌에서 출발한다. 이 문헌에서 하나의 가설이 만들어지고, 그 가설은 검증 과정을 거쳐 이론이 된다. 문헌의 내용은 다양한 인간의 행동을 반복적으로 관찰하고 측정해 구성된다. 장시간에 걸친 관찰과 면담, 인터뷰를 통해 연구자는 특정 행동을 드러내는 집단의 특징을 분석한다. 심리검사 문항은 이에 기반을 두어 구성되기 때문에 인간의 보편적 행동과 패턴을 밝혀낼 수 있다.

이 심리검사의 개발 과정에는 측정하고자 하는 특징이 보편적인지, 독특한 것인지, 병리적인 것인지가 전제돼 있다. 이 전제는 적절한 샘플을 구성하는 데 필수적이다. 예를 들어 우울증으로 어려움을 겪는 이들을 위한 심리검사도구를 개발하기 위해서는 불특정 다수가 아닌 우울증을 앓는 이들의 특징이 필요하다. 이 검사 도구의 전제와 특징은 결과 해석에도 적잖은 영향을 끼친다. 피검자가 우울증을 앓는 사람의 특징을 얼마나 갖고 있는지 등을 분석하여 병리적 특징을 구분해낼 수 있는 것이다. 모든 심리검사에는 측정하고자 하는 특징과 대상자가 있다. 따라서 MBTI는 병리를 예측하거나 삶의 모든 상황에 적용할 수 있는 만병통치약이 아니다.

4

MBTI를 둘러싼
이해와 오해

네 가지 알파벳이 말하는 것

MBTI는 네 가지 코드를 조합해 성격유형을 16가지로 분류한다. MBTI를 접한 이들은 대부분 네 가지 코드의 개별적 의미보다 조합된 코드가 드러내는 포괄적 유형에 많은 관심을 보인다. 그러나 16가지의 유형 각각을 이해하기 위해서는 네 가지 대극과 여덟 가지 선호지표 개념을 이해해야 한다. 이 구조를 이해해야만 조합된 단일 유형을 더 깊이 이해할 수 있다. 이는 자신의 심리와 행동 패턴뿐 아니라 타인을 이해하는 데도 효과적이다. 더불어, MBTI에서 사용하는 용어를 일상의 용어와 혼동하지 않는 게 중요하다. MBTI가 말하는 '외향E'은 일상의 '외향적이다'와 같은 의미가 아니다. MBTI가 말하는 외향은 자신의 감정과 생각을 외부로 표현하기를 편안해 하는 사람이다. 마찬가지로 '내향I'은 소수의 친밀한 사람과 상호작용하는 것을 좋아하는 이들이지 소심한 사람이 아니다. MBTI를 정확히 이해하기 위해서는 MBTI가 말하는 MBTI를 살펴볼 필요가 있다. MBTI를 구성하는 각각의 알파벳이 의미하는 것은 무엇일까?[17]

에너지의 방향: 외향E과 내향I

외향Extraversion-내향Introversion 선호지표는 주의의 초점이 어느 곳으로 향하는가를 나타내는 지표다. 에너지의 원천은 어디인지, 에너지가 향하는 방향과 에너지를 얻는 방법의 차이를 의미한다.

외향을 선호하는 사람들은 타인과의 소통이나 활동을 통해 외부 세계에 집중한다. 이들은 에너지와 주의 집중의 방향이 외부를 향한다. 따라서 다른 사람과 상호작용하고 행동하는 것에서 에너지를 얻는다.

외향E을 선호하는 사람들의 경향성

- 말을 통한 의사소통을 선호한다.
- 생각보다 행동하는 것을 선호한다.
- 사교적이다.
- 대화를 통해 아이디어를 발전시킨다.
- 흥미 영역이 넓다.
- 업무나 관계에서 자주 주도권을 잡는다.
- 생각을 자유롭게 말한다.
- 빠르게 반응하고 행동한다.
- 다른 사람들과 함께 일하는 것을 선호한다.
- 외부 환경에 적응한다.

내향을 선호하는 사람들은 내부 세계의 생각과 경험에 집중한다. 이들은 에너지와 주의 집중 방향이 내부를 향한다.

자신의 생각이나 기억, 감정에 집중하고 홀로 사색하면서 에너지를 얻는다.

내향I을 선호하는 사람들의 경향성

- 글을 통한 의사소통을 선호한다.
- 행동하는 것보다 생각을 선호한다.
- 생각이 겉으로 쉽게 드러나지 않는다.
- 사색을 통해 아이디어를 발전시킨다.
- 관심사에 심도 있게 접근한다.
- 상황이나 문제가 자신에게 매우 중요할 때 주도권을 잡는다.
- 생각이 정리되지 않으면 쉽게 말하지 않는다.
- 심사숙고한다.
- 혼자, 혹은 소수의 사람과 일하는 것을 선호한다.
- 자신의 내부 세계에 끌린다.

정보 수용 방식: 감각S과 직관N

감각Sensing-직관Intuition 선호지표는 정보 수집 및 수용과 관련하여 드러나는 방식의 차이이다. 인식한 정보 중 어떤 정보를 더 중요하게 생각하고 수용하는지를 나타낸다.

　　감각을 선호하는 사람들은 실제적으로 눈에 보이는 정

보, 즉 실제로 일어난 사실에 기반을 둔 정보를 중점적으로 수집한다. 이들은 주변에서 일어나고 있는 구체적인 사실을 관찰하며 실용적인 정보 습득에 능숙하다.

감각S을 선호하는 사람들의 경향성

- 현재 사건이 일어나고 있는 현실에 집중한다.
- 오감을 사용하여 얻은 사실적이고 구체적인 정보를 선호한다.
- 확실히 검증된 것을 선호한다.
- 실용적이고, 실제적인 것에 집중한다.
- 구체적인 사실을 관찰하고 기억한다.
- 자신의 경험을 신뢰한다.
- 경험에 대한 실제적인 적용을 통해 추상적인 아이디어와 이론을 이해한다.
- 예측 가능성을 원한다.
- 문제가 발생하면 과거 경험에 기반을 둔 구체적 해결 방법이 필요하다고 생각한다.
- 현실주의에 가치를 둔다.

직관을 선호하는 사람들은 큰 그림을 보고 독립된 사실 간의 관계와 연관성에 초점을 두어 정보를 수집한다. 개별 사

건을 연결하여 전체적인 패턴을 파악하려고 하며 새로운 가
능성을 찾는데 능하다.

직관N을 선호하는 사람들의 경향성

- 미래의 가능성에 집중한다.
- 상상력이 풍부하며 창의적인 언어를 구사한다.
- 새롭고 아직 검증되지 않은 것을 선호한다.
- 자료의 패턴과 의미에 집중한다.
- 구체적인 사실보다 전체적인 패턴과의 연관성을 중시
  한다.
- 자신의 영감을 신뢰한다.
- 실제로 적용하기 전에 아이디어와 이론을 명백히 밝히기
  를 원한다.
- 변화와 다양성을 원한다.
- 문제가 발생하면 자신의 영감을 토대로 혁신할 수 있는 기
  회라고 생각한다.
- 상상력에 가치를 둔다.

결정 방식: 사고T와 감정F

사고Thinking-감정Feeling 선호지표는 어떤 방식으로 결정을 내리
는가를 보여준다. 결정을 내리고 결론에 이르는 방식의 차이다.

사고를 선호하는 사람들은 의사 결정 시 선택이나 행동의 논리적인 절차를 보는 경향이 있다. 상황에서 떨어져 객관적으로 장점과 단점을 파악한다. 비판과 분석을 통해 잘못된 점을 파악하여 문제의 실마리를 찾으면서 에너지를 얻는다. 사고형 사람들의 목표는 유사한 모든 상황에 적용할 수 있는 기준이나 원칙을 찾는 것이다.

사고T를 선호하는 사람들의 경향성

- 논리적으로 명료한 것을 추구한다.
- 분석적이다.
- 인과관계를 중시한다.
- 객관적인 것을 선호한다.
- 공정성을 갖추려 노력한다.
- 공평하다. 즉, 모든 사람을 동등하게 대하기를 원한다.
- 의사 결정 시, 장단점을 고려하며 제3자의 입장을 취한다.
- 주장에서 결정을 찾으려 한다.
- 일과 사건에 대해 객관적인 기준을 추구한다.
- 합리적이고, 문제를 논리로 해결한다.

감정을 선호하는 사람들은 의사 결정 시 자신 그리고 관련된 사람들에게 중요한 사항을 고려한다. 사람을 존중하는 자신의 가치에 근거하여 결정을 내리려고 하고, 사람들의 상황이나 특성을 고려하여 판단하거나 결정한다. 타인을 인정하고 그들에게 도움을 줌으로써 에너지를 얻으며 칭찬할 내용을 탐색한다. 감정형은 조화를 추구하며 각 사람을 개성을 가진 유일한 인간으로 본다.

감정F을 선호하는 사람들의 경향성

- 정서적으로 명료한 것을 추구한다.
- 공감적이다.
- 개인적인 가치를 중시한다.
- 감성적인 것을 선호한다.
- 타인을 배려하려 노력한다.
- 모든 사람을 각기 다른 인격체로 공평하게 대하기를 원한다.
- 의사 결정 시, 가치를 고려하며 사적으로 관여한다.
- 주장에서 합의점을 찾으려 한다.
- 조화와 긍정적인 상호 작용을 추구한다.
- 자신의 결정이 주변 사람들에게 미칠 영향을 고려한다.

외부 세계 대처 방식: 판단J과 인식P

판단Judging-인식Perceiving 선호지표는 어떤 방식으로 외부 세계에 대처하는가를 드러낸다. 외부 세계에 대처하는 라이프스타일의 차이다.

판단을 선호하는 사람은 계획적이고 질서 정연한 방식으로 생활하며 자신의 삶을 통제하고자 한다. 판단형은 결정을 내리고 마무리를 지은 이후 그 다음 단계로 진행하기를 바란다. 판단형 사람들은 구조적이고 조직적이며 안정된 삶을 선호한다. 계획과 일정은 매우 중요하며 일이 마무리되는 것을 통해 에너지를 얻는다.

판단을 선호하는 사람들의 경향성

- 체계적이다.
- 계획적이다.
- 예상치 못한 상황이 발생하지 않도록 한다.
- 삶을 조직화한다.
- 안정되고 정돈된 상태를 바란다.
- 목표와 결과를 좋아한다.
- 반복되는 일상 업무가 효율적이라고 생각한다.
- 마감에 임박해서 처리할 때 받는 스트레스를 피하려고 한다.
- 마감일보다 여유 있게 완료하는 경향이 있다.
- 일이 확실하게 결정되기를 바란다.

인식을 선호하는 사람들은 외부 세계에서 유연하고 즉흥적인 방식으로 생활하며 삶을 통제하기 보다는 직접 경험하고 이해하고자 한다. 세부적인 계획과 최종 결정은 틀에 박힌 것 같다는 인상을 받는다. 새로운 정보에 열려 있으며 마지막 순간에 결정하는 것을 선호한다. 상황에 임기응변으로 대처하는 지략을 발휘하면서 에너지를 얻는다.

인식P을 선호하는 사람들의 경향성

- 유연하다.
- 즉흥적이고 자발적이다.
- 예상치 못한 상황을 즐긴다.
- 삶을 적응력 있게 받아들인다.
- 융통성 있고 개방적인 상태를 바란다.
- 무슨 일이 생길지 기대한다.
- 반복되는 일상 업무가 제한적이라고 생각한다.
- 임박착수의 압박을 느끼면서 에너지를 얻는다.
- 마감일에 완료한다.
- 일이 유연하게 진행되며 변화가 가능하기를 바란다.

MBTI가 말하는 8가지 선호지표 개념 각각에 대한 이해와 함께 자신의 선호와 반대의 선호를 동등한 위치에서 수용하려는 관점이 동반될 때 비로소 MBTI를 올바르게 활용할 수 있다. 소셜 미디어에서는 MBTI를 편 가르기 식으로 사용하는 경우가 잦다. 외향은 '인싸', 내향은 '아싸', 감각은 숫자만 보는 사람, 직관은 뜬구름 잡는 사람, 사고는 피도 눈물도 없는 사람, 감정은 우유부단한 사람, 판단은 계획만 중요한 사람, 인식은 게으른 사람이라는 등의 표현이 넘쳐난다. 선호지표의 개별 특징과 개념에서 꼭 기억해야 할 것은 그들이 모두 가치중립적이라는 점이다. 대극은 반대말 개념이 아니다. 또한 한 개인이 반대 선호를 가진 사람에게서 경험했던 부정적 감정과 상황이 모든 사람에게 적용되는 진리가 되어서도 안 된다. 개인은 자신의 성격유형을 이해하는 수준에서 타인의 성격유형도 수용하게 된다. 단순한 이치다. 내가 나를 긍정적으로 바라보면 나와 관계하는 타인도 긍정적으로 바라보게 되고, 내가 나를 부정적으로 바라보기 시작하면 동시에 내 주변의 타인도 부정적으로 바라보고 평가하게 된다. MBTI의 8가지 선호지표는 하나의 렌즈일 뿐이다. 이 렌즈를 어떻게 활용할 수 있을지는 본인의 몫이다.

E는 모두 같은 E일까?

가장 이상적이거나 완벽한 MBTI의 모습이 존재할까? 예를 들어, 이상적 외향, 혹은 완벽한 내향이 존재할까? MBTI는 이를 상정할 필요도 없고, 상상할 필요도 없다고 말한다. '이상적인'이라는 수식어는 언급조차 하지 않는다. 그러나 전문가의 해석 과정이 동반되지 않을 시, 각종 오해가 생길 수 있다. MBTI의 검사 결과에는 1부터 30까지의 선호 분명도 점수가 있다. 결과를 오해한다면 높은 지수가 우월한 것이라고 받아들일 수 있다. 혹은 약간의 경향성을 모호하거나 불분명하다고 판단할 수도 있다.

심리검사는 팔, 다리 등에 골절상을 입어 찍는 X-ray나 미세한 차이를 더 명확히 확인하기 위해 찍는 MRI와는 다르다. MBTI 검사를 포함한 다양한 심리검사는 다양한 검사 문항에 대한 자신의 심리 상태를 보고한 자기 보고self-reported의 결과다. 심리검사에 반응한 것은 피검자 자기 자신이라는 것을 잊지 말아야 한다. 그러나 이 검사 결과만으로 그것이 편안한 본연의 선호인지, 혹은 주변 환경에 맞추기 위한 노력의 결과인지는 드러나지 않는다. 검사 결과에 대한 전문가와 피검자 간의 해석과 상담이 중요한 이유다.

MBTI를 활용한 다양한 집단 프로그램 과정 중에는 동일 선호인 구성원과 함께 대화를 나누는 프로그램이 있다. 이 과정에서 빠지지 않고 나오는 질문이 있다. "저는 외향이지만 저 정도는 아닌데요?"가 그것이다. 이들은 자신이 저렇게까지 극단적이지 않다고 말한다. 이때 쓰이는 '극단적'이라는 표현은 객관적이지 않다. 타인과 경험했던 부정적인 상황과 감정이 만든 표현일 가능성이 높다. 개인은 모두 스스로 상정한 선호지표에 대한 개념과 수준이 존재한다. 그러나 MBTI의 선호지표는 여러 세부 사항이 어우러진 결과물이다. 일반적으로 우리는 외향을 선호하는 이들이 말과 행동을 잘한다고 국한하는 경향이 있다. 그러나 말과 행동을 잘한다는 특성만으로 외향 선호를 규정할 수는 없다.

MBTI는 시대의 흐름에 맞게 다양한 버전으로 업그레이드를 거듭하고 있다. 2022년 기준으로 MBTI 기본형은 93개 문항으로 구성된 Form M 버전이다. Form M 버전에 다양한 문항을 추가하여 각 유형의 세부적인 특징을 파악할 수 있도록 개발된 버전이 있는데 144문항으로 구성된 Form Q 버전이다. Form Q 버전에서는 동일한 선호 내 사람들 간의 개인차를 선호지표별로 다섯 가지의 다면척도로 구분했다. 해당 다면척도는 각 선호지표의 세부적인 특징을 설명하고 있다.

사람들이 외향의 일반적인 특징으로 표현하는 '말과 행동을 잘한다는 것'은 외향 선호의 다면척도상, 자신의 생각, 감정, 느낌 등을 표현하는 것을 선호하는 '표현적'에 해당한다. '표현적'이라는 특징은 외향 선호의 단일한 특징이 아니고, 부분적인 특징이다.

또한 외향에 대한 선호 경향성을 나타내는 사람이 모두

MBTI Form Q 다면척도[18]

외향	핵심용어	내향
능동성	행동표현	수동성
표현적	정서표현	보유적
다양한 관계	대인관계	밀접한 관계
활동적	학습 및 여가	반추적
열성적	의사소통	정적

감각	핵심용어	직관
구체적	정보근거	추상적
현실적	인식태도	창의적
실용적	인식내용	개념적
경험적	의미부여	이론적
전통적	사회적 선호	독창적

사고	핵심용어	감정
논리적	이상적 의사 결정양식	정서적
이성적	실제 의사 결정양식	감성적
질문지향	의사결정 첫 단계	협응지향
비평적	의사결정 태도	허용적
강인한	결정에 대한 태도	온건한

판단	핵심용어	인식
체계성	조직화 패턴	유연성
목표지향적	여가활동의 조직	개방적
조기착수	시간관리 태도	임박착수
계획성	일상 활동의 조직	자발성
방법적	현재 과업과의 관련성	과정적

동일한 수준의 경향성을 드러내지는 않는다. 예를 들어, 외향 선호인 A는 자신의 생각과 감정을 외부로 표현하는 것을 선호하지만, B는 A와 같은 외향 선호를 보인다고 해도, 자신의 생각과 감정을 자신의 내면에 보유하기를 선호하기도 한다. 다른 사람들이 볼 때, B는 내향의 특징을 나타내기 때문에 내향 선호라고 생각할 수도 있다. 그러나 B는 외향의 일반적인 특징을 보이면서도 특정 상황에서 내향적인 특징도 공유하는 독특한 모습을 보이는 것에 가깝다. 이러한 관점에서 볼 때, MBTI 검사 결과가 외향인 사람들을 모두 똑같은 외향, 동일한 수준의 외향이라고 말할 수 없다.

MBTI가 던지는 숙제

융의 심리학은 중년기 이후의 심리학이라고 표현할 수 있다. 출생부터 중년기[19] 전까지 이르는 인생의 전반기, 인간은 자신의 선천적 선호를 파악하고 자기다움의 모습으로 살아간다. 중년기 이후 인생의 후반기에는 선천적 선호의 대극을 이해하고 수용하며 성격의 통합과 균형을 이루기 위해 노력한다. 중년기 이후의 과정은 한 번도 가보지 않은 길을 가는 것처럼 낯설고 어색하겠지만 한편으로는 새로운 것을 배우는 설렘도 자리할 것이다. 중년기는 미지의 나를 찾아나서는 여정의 시작이다. MBTI는 그 여정에 길잡이가 되어줄 수 있다.

모두가 중년기에 들어섰다고 자신의 대극 선호를 개발할 수 있는 것은 아니다. 그를 위해서는 조건이 한 가지 있다. 바로 자아존중감이다. 유형발달의 측면에서 이 자존감은 인생의 전반기에 발달한다. 청년기까지 자신의 선천적 선호를 발달시키고 이를 삶의 과정에서 긍정적으로 강화한다면 자연스레 자존감은 높아진다. 이 자존감은 소위 말하는 내공이 된다. 이 자기다움의 힘이 중년기 이후의 통합을 가능케 한다.

그렇다면 중년기 이후 이뤄야 하는 통합이란 무엇일까? MBTI는 어느 쪽이 자신에게 편안한 방향인지를 일러준다. 먼저 자신의 선천적 선호 경향성을 파악하고 탐색해야 한다. 통합은 그 다음이다. 통합은 밝음과 어두움이 적절히 섞인 상태라고 할 수 있다. 자신이 편안해하는 선호인 빛이 있다면 그 반대에는 그림자가 있다. 빛과 그림자가 함께이듯, 개인 안에는 밝음과 어두움이 공존한다. 이것이 대극이다. 선천적 선호만으로 평생을 살아갈 수는 없다. 어둠을 수용해야만 통합에 이를 수 있다. MBTI는 내 안에 공존하는 빛과 그림자를 바라볼 수 있게 도와준다. 통합은 자신의 그림자를 밝게 만드는 과정과 유사하다.

ISTJ 유형인 사람이 중년기를 성공적으로 거쳐 자신의 대극 선호를 개발했다고 ENFP 유형이 되는 것은 아니다. 그러나 달라지는 것은 분명히 있다. 정확히 말하면, 여유 있고,

유연한, 내·외적으로 조금 더 폭이 넓어진 ISTJ가 된다. 통합의 과정을 통해 성격유형의 넓이와 깊이를 조금 더 확대할 수 있다. 통합은 대극 양쪽을 모두 사용할 줄 아는 완벽한 존재, 혹은 슈퍼맨이 되는 것이 아니다. 중년기 전까지 좋아하고 잘하는 것을 개발하며 자신의 선호가 두드러지게 살았다면 중년기 이후에는 그 두드러진 부분을 둥글게 만드는 과정이다. 원만하고 유연한 나를 만들기 위해 MBTI를 사용할 수 있다.

새로운 언어를 배우듯

최근 취업준비생에게 MBTI 성격유형 정보를 기재하도록 요구했던 기업의 사례가 기사화됐다.[20] 해당 기업은 MZ세대의 트렌드를 따라 성격유형 기재를 요구했다고 밝혔다. MBTI는 업무적 역량과 무관한 성격유형이다. MBTI는 다른 유형의 사람들이 서로를 이해하고 존중하며 다양성이 공존하는 세상을 만들자는 모토에서 개발됐다. 기업이 생각해야 할 것은 취업준비생의 MBTI 유형이 아니다. 16가지의 모든 성격유형이 자기다움을 발휘하며 일할 수 있는 건설적인 기업 문화를 만드는 일이다.

　기업에서 MBTI를 효과적으로 활용하는 방법이 있다. 다양한 성격의 직원이 섞인 팀이 의사소통에서 어려움을 겪거나, 성과가 현저히 떨어지는 경우 그 원인을 파악하기 위해

MBTI를 활용할 수 있다. 혹자는 성격유형을 토대로 그룹이나 팀을 나누는 방법을 말하기도 한다. 그러나 MBTI의 유형이 같다고 해서 모두 똑같은 생각을 갖고 있는 것은 아니다. 네 개의 코드가 동일한 사람들이 선천적인 선호 경향성을 공유하는 부분이 많을 수는 있지만 똑같은 말과 행동을 하지는 않는다. 양육 환경, 가족 구성원, 친구 관계, 학력, 취미, 직업, 성역할 등 다양한 환경적 요인에 의해 네 개 코드가 동일하다 해도 색채와 결이 다르다. 개인이 부족하다고 생각한 자신의 역량을 끌어올리기 위해 부단히 노력했다면 일과 관련된 역량, 관계와 관련된 역량 또한 제각각일 것이다. 결국 '나'는 성격유형만으로 설명할 수 없는 존재다. 독특하고 개별적인 존재를 성격유형만으로 판단하는 것은 개인의 독특성과 역량을 무시하는 태도가 될 수 있다. MBTI는 두 명 이상이 모인 집단, 조직, 관계에서 모두 활용 가능하다. 다만 중요한 것은 타인에 대한 이해와 존중의 태도다.

인터넷에 떠도는 MBTI 궁합도 비슷한 맥락에서 바라봐야 한다. 더 편안한 사람을 만나고 싶은 대인 관계적 욕구는 지극히 자연스럽다. 그러나 누군가를 깊이 사랑하기 위해서는 관계를 쌓는 경험이 필수적이다. 만남 이전에 네 개의 코드만 보고 타인을 판단하는 것은 섣부르다. MBTI만으로 관계를 규정할 수 없다. 심리검사는 개인이 타인을 받아들이는 과정

전반을 진단할 수 없다. 시간이 걸린다고 하더라도 나와 잘 맞지 않는 유형이 드러내는 특징을 알아보고 그들과 더 나은 관계를 맺기 위한 방법을 고민하는 것이 생산적이다. 이런 자신의 노력을 시작으로 상대방도 나를 이해하고 수용하려 노력할 수 있다.

비유하자면 MBTI는 나와 다른 이들이 사용하는 언어를 파악할 수 있게 하는 도구라고 할 수 있다. 다양한 상황에서 상대를 설득시키기 위해서는 상대의 언어를 사용해야 한다. 다른 언어를 사용한다는 장벽 때문에 혹자는 타인이 자신의 언어를 이해하지 못한다며 화를 내기도 한다. 상대방은 그 과정에서 소통이 불편하다는 생각을 하고, 대화는 악순환에 빠진다. 타인과 원활한 대화를 하기 위해서는 안테나를 세우고 주파수를 맞춰야 한다. 이런 맥락에서 나와는 다른 이들의 성격을 알아가는 것은 새로운 언어를 배우는 것과 같다.

마지막으로, 성격유형을 활용할 때 쉽게 빠지는 함정이 하나 있다. 성격유형을 자신의 삶의 변명의 근거로 사용하는 것이다. 다른 유형에 대한 부정적인 비판이나 낙인을 찍는 행위를 넘어 자신의 실수나 잘못에 대한 변명이나 면죄부로 성격유형을 오용하는 경우도 빈번하다. 약속 시간에 늦거나, 함께 정한 계획을 어길 경우 누군가는 자신을 인식형이라고 표현하며 면죄를 바란다. 혹은 팀에서 몇 개월에 걸쳐 준비한 프로젝트의 프레젠테이션을 담당해야 할 때 자신은 내향형이기 때문에 일을 맡기 어렵다고 말하는 경우도 있다. 자신의 성격 유형을 변명으로 삼거나 회피의 수단으로 삼을 수는 없다. MBTI는 이해를 위한 도구일 뿐 능력이 없다는 것의 원인이나 잘못의 변명이 될 수 없다.

　　MBTI를 자신과 타인을 이해하는 도구로 어떻게 활용할 수 있을까? MBTI를 잘 활용한 초등학교 어느 학급의 이야기를 하고 싶다. MBTI 전문가 과정을 수료한 어떤 선생님께서 학급 담임을 맡고 있었다. 해당 담임 선생님이 출장을 가셔서 다른 선생님께 임시로 하루 그 학급을 맡아 달라고 부탁하셨다고 한다. 임시로 하루 동안 해당 학급을 맡으신 선생님은 아이들을 운동장에서 뛰게 해주고 싶은 마음에 발야구를 하러 학생들과 함께 모두 운동장으로 나갔다. 한 아이가 공을 차러 나왔는데 쭈뼛거리기만 하고 공을 차지 못하고 있었다. 선생님은 조금 답답한 마음에 "그냥 발로 차면 된다"는 말을 몇 번이고 되풀이 하고 있었다. 그때 그 반 아이들이 선생님께 이렇게 말했다고 한다. "선생님, 쟤는 내향이어서 조금 기다려 줘야 해요." 임시로 학급을 맡으셨던 선생님은 당황스럽기도, 창피하기도 하셨다고 말했다. 다음날, 출장을 다녀온 담임 선생님과 전날 있었던 일에 대해 이야기를 나누면서 본격적으로 MBTI 공부를 시작했다.

우리는 일상생활에서 어떤 일을 편하게 하기 위해, 혹은 사람의 힘만으로는 할 수 없는 일을 할 때 다양한 도구를 사용한다. 사실 어떠한 도구든 도구 자체에 문제가 있는 경우는 거의 없다. 문제는 도구를 사용하는 사람이다. 심리검사라는 도구도 마찬가지다. MBTI는 자기 이해를 위해 만들어진 도구다. 누가 어떻게 사용하느냐에 따라 MBTI는 길잡이가 될 수도, 무기가 될 수도 있다.

5

Making a World of Differences

'너'를 변화시키기 위한 도구?

MBTI는 '나'를 이해하는 도구로 활용할 때 그 활용도가 가장 높다. 개인은 자신의 장점을 파악하고 이를 사용하며 내적 만족감을 얻는다. 이 만족감은 나를 넘어서 타인을 이해하고 수용할 수 있는 지평이 된다. MBTI를 통한 선순환인 셈이다. 검사 한 번으로 단 시간에 나의 모든 부분을 이해할 수는 없다. 정확한 검사 결과를 받았다고 해도 그것이 실제 삶에서 드러나는 방식은 제각각이다. 즉, MBTI를 통해서도 나 자신의 성격을 온전히 파악할 수는 없다.

최근, MBTI를 '나'가 아닌 '너'를 파악하는 도구로 활용하고자 하는 경향이 보인다. '짜증나게 만드는 MBTI 순위', '스트레스 받게 하는 MBTI 순위', '공부 잘 못하는 MBTI' 등이 그렇다. 소셜 미디어에서는 MBTI를 '나와 너'의 장점보다는 '너'의 성격의 잘못된 부분을 알려주고 구분하는 도구로 사용하는 경우가 많이 보인다. 행여 특정 성격유형에 부정적인 감정을 느낀다고 하더라도 결국 중요한 것은 자기 자신이다. 해당 유형이 부정적일 가능성보다는 특정 유형을 부정적으로 인식하고 있는 나의 심리적 흐름을 짚어볼 필요가 있다.

심리학에서는 이러한 자신의 심리적 흐름을 방어defenses 기제 속 '투사projection'로 설명하기도 한다. 방어는 개인이 무의식적으로 내적, 외적 스트레스와 정서적 갈등에 대처하는 방식이다. 방어는 개인이 의식하는 불안, 우울, 질투와 같은 고통스러운 감정을 제한하며 내적인 정서적 갈등을 해소한다. 투사는 자아ego가 자신이 받아들일 수 없는 생각, 느낌, 공상으로부터 스스로를 보호하기 위해 그 책임이 외부 상황과 타인에게 있다고 보는 기제다.[21]

MBTI에서는 개인의 반대 선호의 특징이 무의식에 있다고 판단한다. 의식consciousness은 '나Ego, Ich, I'와 관련된 심리적 요소다. 다시 말해, 내가 의식하고 있는 모든 것으로, 내가 경험한 이 세계에서 '나'를 통해 연상되는 모든 정신적 내용이라고 할 수 있다. 이와 반대로 무의식unconsciousness은 내가 가지고 있으면서도 내가 아직 모르고 있는 정신 세계다. 개인이 자신의 삶 속에서 억압시켰거나, 현실 속에서는 다루기가 어려워 의식 세계에서 밀어낸 것들이 무의식에 담겨 있다. 따라서 무의식은 내가 모르는 또 다른 내가 존재하는 곳이다. 무의식 속의 나는 일상의 의식 세계 속에서 빈번하게 만나는 내가 아니기에 익숙하지 않다. 대부분의 개인은 자신의 무의식을 어색하거나 불편하게 일상생활에서 마주친다.

감각형은 직관형을 허황된 사람으로 오해하는 경향이 있다. 오해의 근거는 실제 직관을 선호하는 사람에게 있는 것이 아니다. 이는 감각형의 무의식에 있는, 아직 경험하거나 살아보지 못한 직관형의 특징이 의식의 세계로 넘어오면서 만들어진 방어기제다. 익숙하지 않은 무의식의 어두운 그림자가 타인에게 투사된 형태라고 볼 수 있다. 결국 MBTI는 '너'가 아닌 '나'의 이야기다. MBTI를 통해 내가 아직 모르는 '나'의 무의식적 특징을 살펴볼 수 있다. '너'를 만들어 낸 주체는 '나'지만, 내 안의 '너'는 내가 만들어 놓은 투사된 '나'일 수 있다. 때문에 주의 깊고 신중하게 '너'를 바라볼 필요가 있다.

소셜 미디어에 떠도는 유형설명에 돈과 시간을 낭비하지 않았으면 한다. 대부분의 설명은 타 유형에 대한 근거 없는 평가를 양산하고 있다. 자신의 성격유형이 아닌 반대 유형의 특징 역시 자신이 받아들이고 살아 내야 하는 무의식의 모습이다. 나의 무의식이 투사된 모습으로 반대 유형을 바라보는 것에서 반대 유형 본연의 모습 그대로 상대를 받아들이는 것으로 전환되어야 한다. 타인을 이해하는 것에 대한 관점의 전환이 이루어질 때 다른 성격유형을 쉽게 판단하고 단정하는 실수를 줄이게 될 것이다. 다른 유형을 가벼운 웃음거리 정도로 소비하는 행위는 자칫 자기 자신을 향하는 화살이 될 수 있다.

독특한 나와 너

인간은 슈퍼 히어로가 아니다. 그러나 모두가 자신만의 독특한 강점을 갖고 살아간다. MBTI를 개발한 마이어스와 브릭스는 이 지점에 주목했다. 모두가 전쟁의 후유증으로 고통스러

워 할 때, 이들은 강점을 키워나가는 것이 이 고통을 줄여줄 수 있다고 보았다. 강점을 통해 형성된 자존감은 타인에게 영향을 끼친다. 오스트리아의 철학자 마르틴 부버Martin Buber가 저서 《나와 너》에서 말했듯, 타인을 '그것it'이 아닌 '너you'로 받아들일 수 있게 된다. 궁극적으로 MBTI는 나다움을 찾은 이후 다름을 인정하고 수용하라고 말한다. 외국어를 배우듯, 다양한 유형의 몸짓을 배우고 자신이 말하고자 하는 바를 전달하고자 다른 이의 언어를 흉내 내기도 하면서 서로 간 다름의 거리를 좁힐 수 있다.

코드의 미학이라고 표현할 만큼 MBTI는 코드를 통해 개인의 다양성을 설명한다. 더 나아가 이 코드가 합쳐질 때 새로운 역동Dynamics이 생겨난다. '나'는 이러한 역동을 간직한 존재다. 개인의 다양성은 점點도, 선線도, 면面도 아닌 구球에 가깝다. 구의 형태는 하나의 시선으로는 완벽히 관찰할 수 없다. 다양한 각도의 관점에서 바라봐야만 그 형태가 드러난다. 이처럼 인간은 단면적인 존재가 아닌 입체적인 존재다. MBTI 선호지표 코드가 E, I, S, N, T, F, J, P처럼 단순하게 보일 수 있지만, 선호지표가 합쳐질 때마다 생기는 역동은 단순하지 않다. ISTJ라는 유형은 I, S, T, J가 합쳐진 유형이기는 하지만, 개별 코드를 하나씩 설명한다고 ISTJ라는 유형이 설명되지는 않는다. 코드가 합쳐질 때 생기는 역동을 설명할 수 없기 때문이다. 이 입체적인 역동의 모습에 자신의 독특한 삶의 경험이 더해지면 개인은 누구와도 동일하지 않은 자신만의 성격을 갖게 된다.

자신의 성격유형을 알게 되었다고 갑자기 세상이 변하지는 않는다. 그러나 독특한 '나'를 알게 된 나의 관점은 나 자신을 바꿀 수 있다. 다양한 삶의 모습을 포용하고 그를 삶 속에서 펼쳐나갈 수 있다. 이런 개인들이 모이고, 모두가 타인을 수용하고 이해한다면 점차 세상도 바뀌게 된다. 마이어스와 브릭스가 바랐던 궁극적인 세상의 모습일 테다.

에필로그

드러내는 것에서
이해하는 것으로

MBTI에 따라붙는 여러 비판들이 있다. MBTI가 성격심리학에서도 초기 이론, 더 나아가 폐기된 이론이라는 비판과 칼 융의 심리유형론에 대한 현대 심리학자들의 비판이 주를 이룬다. 이 비판에서 조금 거리를 둬 보자.

MBTI에 대한 대중의 관심이 정확히 언제 시작했는지 알 수는 없지만, 현재 MBTI는 대중의 관심 속에 다양한 삶의 영역과 연결되고 있다. MBTI는 가족, 직장 동료, 친구, 연인 관계 속에서 중요한 대화 주제가 되었다. 더 나아가 MBTI는 자신을 이해하는 도구이자 자신의 정체성을 드러내는 필수적인 아이템이 되었다. MBTI는 문화가 됐다. 문화를 소비하는 대중에게 MBTI 검사가 정식 검사인지, 무료 간이 검사인지는 중요한 문제가 아니다. 대중을 지적하는 전문가 집단이 있다면 그들은 대중에게서 다른 종류의 비판과 지적을 받을 것이다.

새로운 문화가 생겨났다면, 대중이 그 문화를 어떻게 받아들이고 어떤 흐름을 만들어 가는지 지켜보는 시간이 필요하다. 잠시 불탔다가 사그라지는 일시적 유행인지, 혹은 개인과 사회 전반에 뿌리내리는지를 기다려야 한다는 뜻이다. 이때 MBTI를 전문적으로 활용하는 전문가 집단이 할 수 있는 일은 분명하다. MBTI가 무엇을 알려주는 도구인지, 이를 어떻게 긍정적으로 사용할 것인지, 그리고 이러한 심리검사도구를 사용할 때 전문가에 의한 실시와 해석이 왜 중요한지를 안내하는 일이다. 올바른 사용에 대한 안내를 통해 MBTI 문화가 방향을 잡아갈 수 있도록 돕는 것이면 충분하다. MBTI 심리검사도구의 신뢰성, 혹은 MBTI를 개발한 두 모녀가 심리학 전공자가 아니라는 등의 비판은 굳이 필요치 않다.

MBTI는 어쩌다가 사회 현상이 되었고 문화로 자리 잡았을까? MBTI 문화의 확산의 원인을 몇 가지로 단정할 순 없다. 코로나19로 인한 관심 이동, MZ세대의 자기 이해 욕구, 소셜 미디어의 확산, 방송 프로그램, 셀럽의 영향, 기업의 마케팅 모두가 결합해 MBTI 열풍이라는 사회적 현상을 만들어냈다. 이 도구를 통해 대중이 말하고자 하는 문화와 사회 현상을 들여다 볼 필요가 있다.

MBTI는 자기 이해의 도구다. 내가 나를 이해한 만큼, 나를 받아들인 만큼의 수준에서 타인을 이해하고 수용한다. 이런 맥락에서 MBTI를 타인 이해의 도구라고 말할 수도 있을 것이다. 누군가는 나와 너, '우리'를 이해하는 도구로서 MBTI를 받아들일 수 있다. 그러나 MBTI는 '나'와 '너'가 없는 우리를 이해하기 위한 도구는 아니다. 한국 사회에서 '우리'라는 단어는 많은 의미를 내포하고 있다. 연대와 소속의 의미가 들어있기 때문일 것이다. 한국 사회는 개인보다는 개인이 속한 우리라는 집단을 더 중시해 왔다. 그러나 지금은 다르다. 지금의 한국 사회는 집단을 구성하는 개인의 삶과 가치 또한 중요하다는 것을 인식한다.

개인은 자신의 가치를 존중받기 위해 자신만의 언어와 행동을 통해 타인과 자신을 구별 짓는다. 그리고 이 자신만의 정체성을 우리라는 집단 속에서, 혹은 개별적인 삶 속에서 표현한다. MBTI는 개인이 가진 독특한 정체성을 많은 이들이 이해하고 수용할 수 있는 언어로 표현하는 도구다. 우리라는 집단 문화에서 '나'라는 개인이 중시되는 개인 문화로의 전환을 위해 MBTI는 대중의 삶 속으로 소환됐다. 집단과 우리의 문화가 공고했던 지난 사회를 바꾸고자 자신을 드러내는 개인의 욕구는 한동안 지속될 것이다.

한편 그 과정에서 개인 존중의 문화가 이기주의로 변모하지 않도록 주의해야 한다. 더불어 집단의 소속과 연대를 중요시하는 이들이 집단을 횡포의 수단으로 사용하는 우를 범하지 않도록 함께 고민해야 한다. 이 고민들은 한국 사회의 건강한 미래를 고민하는 일과 같다. MBTI에 대한 관심의 시작은 소셜 미디어일 수 있다. 이제는 그 관심을 나의 삶과 너의 삶, 우리의 삶으로까지 확장해 보자. 내가 다른 누구도 아닌 '나'로서 살고 있는지를 자문할 수 있을 것이다.

주

1 _ 이부영, 《분석심리학》, 일조각, 2011, 29-32쪽.

2 _ 이부영, 《분석심리학》, 일조각, 2011, 40-41쪽.

3 _ 지금 이 순간에도 많은 이론들이 쏟아져 나온다. 그와 동시에 수많은 이론들이 또한 사장될 것이다. 한 개인의 독특한 행동을 이론과 가설로 구축해 검증을 시도할 수는 있으나 그 이론이 모든 인간에게 적용되지는 않을 수 있다. 따라서 하나의 이론을 만든 후 검증하는 것과 다양한 인간의 경험을 관찰한 이후 이론을 구축하고 검증하는 것은 질적으로 큰 차이를 보인다.

4 _ 이부영, 《분석심리학》, 일조각, 2011, 143쪽

5 _ 이사벨 브릭스 마이어스 외 1인(김정택·심혜숙 譯), 《MBTI Form M 매뉴얼》, 어세스타, 2013, 3쪽.

6 _ 예를 들면, 다양한 사람들과 활발하게 에너지를 교류하는 특징을 가지고 있는 사람을 외향형으로, 논리적·객관적·분석적으로 일을 처리하며 비판적 사고로 문제 해결에 접근하는 특징을 가지고 있는 사람을 사고형으로 분류한 것이다. 이러한 고유한 특징을 가지고 있는 사람들을 더 명확히 분류하기 위해 각 유형의 특징을 포함한 문항을 개발했다.

7 _ 하나의 연구가 같은 대상을 연구한 기존 연구와 상이하다면 연구 관련성 및 이론의 연계 가능성이 없다고 볼 수 있다.

8 _ 신뢰도(reliability)는 어떤 측정치가 오차 없이 분석하고자 하는 대상을 측정하고 있는가의 정도이다. 대표적인 신뢰도에는 문항 내적 일치도(알파계수에 의한 내적 일치도)와 검사-재검사 신뢰도가 있다. 한국형 Form M 표준화 연구에서 3623명의 표본을 연구한 결과, 문항 내적 일치도는 EI=.93, SN=.91, TF=.92, JP=.93 이었다. 평균 6주 간격을 두고 시행한 성인 212명의 검사-재검사 신뢰도는 EI=.93, SN=.93, TF=.89, JP=.94 였다. 타당도(validity)는 하나의 검사가 측정하고자 하는 대상을 정확하게 측정하는 정도이다. MBTI 심리검사도구가 나타내는 특성에 대한 타당도를 확보하기 위해 다양한 다른 검사 도구(예를 들어, MBTI와 창의성, MBTI와 사교성, MBTI와 직업 및

홍미, MBTI와 NEO-PI 등)와의 상관 연구를 지속적으로 시행하고 있다.
이사벨 브릭스 마이어스 외 1인(김정택·심혜숙 譯), 《MBTI Form M 매뉴얼》, 어세스타, 2013, 425-426쪽.

9 _ MBTI의 검사 대상은 일반인이다. 심리적으로 특정 병리를 앓고 있는 사람들에게 추천되지 않고, 또한 특정 병리를 파악하는 검사도 아니다. MBTI가 알아보는 것은 대다수의 일반인들이 공유하고 있는 선천적인 선호의 일반적 패턴(경향성)이다. 이를 기반으로 상담, 코칭, 진로, 부부 및 가족 상담, 팀 빌딩, 학습 등에 활용할 수 있다. 다만 인간의 심리적 병리를 진단, 추정하는 정신건강의학과와 임상심리분야에서는 MBTI 활용이 제한될 수 있거나, 사용할 가능성이 현저히 낮다.

10 _ 마틴 셀리그만(김인자·우문식 譯), 《마틴 셀리그만의 긍정심리학》, 물푸레, 2020, 1-2장.

11 _ 6개의 강점의 범주(지혜와 지식, 용기, 사랑과 인간애, 정의감, 자기통제력, 영성과 초월성)가 VIA(Virtues in action) 분류에서 기술된다. 지혜와 지식에는 호기심, 학구열, 판단력, 창의성, 사회성, 예견력이라는 덕목이, 용기에는 용감성, 끈기, 정직이라는 덕목이, 사랑과 인간애에는 친절, 사랑이라는 덕목이, 정의감에는 팀워크(시민 정신), 공정성, 리더십이라는 덕목이, 자기 통제력에는 자기통제력, 신중함, 겸손이라는 덕목이, 영성과 초월성에는 감상력, 감사, 희망, 영성, 용서, 유머, 열정이라는 덕목이 포함된다.
마틴 셀리그만(김인자·우문식 譯), 《마틴 셀리그만의 긍정심리학》, 물푸레, 2020, 248쪽.

12 _ 이사벨 브릭스 마이어스 외 1인(김정택·심혜숙 譯), 《MBTI Form M 매뉴얼》, 어세스타, 2013, 131쪽.

13 _ 홍숙기, 《성격심리(상)》, 박영사, 2009, 7쪽.

14 _ 대표적으로 16personalities.com이라는 무료 간이 검사 사이트가 존재한다. 이 무료 간이 검사에서는 정식 MBTI 검사 문항을 단 한 문항도 사용하지 않는다. 문항선택 방법도 리커트(Likert) 척도('매우 그렇지 않다'부터 '매우 그렇다'까지 1~5점, 혹은

1~7점으로 구성)를 사용하고 있는데, MBTI의 문항 선택 방식은 강제선택형으로 두 문장이나 두 단어 중 더 좋아하고, 편안한 문장 내용이나 단어를 체크하는 형태다. 무료 간이 검사 사이트에서는 심리검사라면 꼭 확보하고 있어야하는 심리측정결과(신뢰도 및 타당도)에 대해서 보고하고 있지 않다. 일반인들이 본 무료 검사를 MBTI로 받아들이는 이유는 결과 코드가 동일하기 때문인데, 실제 코드를 비교해보면 이니셜만 동일할 뿐 용어와 내용은 큰 차이가 있다. 가장 대표적으로 MBTI의 두 번째 코드 중 하나인 S는 Sensing의 첫 알파벳인데, 무료 간이 검사의 두 번째 코드인 S는 observant라는 단어의 중간에 있는 S를 가져왔다. MBTI의 마지막 코드 중 하나인 P(MBTI-Perceiving, 무료 간이 검사-Prospecting)도 마찬가지다. 선호지표 코드의 문제보다 더 큰 문제는 무료 간이 검사가 무엇을 측정하는 검사인지에 대한 안내를 하지 않는다는 점이다. 이 뿐 아니라 검사 후 전문가의 해석도 수반되지 않는다.

15 _ 김종범, 〈청소년의 학교생활부적응에 영향을 미치는 요인에 관한 연구〉, 《임상사회사업연구》, 6(2), 2009.

16 _ 구영하·여태철, 〈초등학교 교사의 심리검사 이해도와 활용도〉, 《초등상담연구》, 11(1), 2012.

17 _ 16가지 성격유형 각각에 대한 특징과 자세한 유형해설은 다음 참고문헌을 통해 확인가능하다.
린다 커비 외(김명준·안여진 譯), 《성격유형 안내》, 어세스타, 2013, 9-10쪽.
엘리자베스 허쉬 외 2인(김명준·송미리 譯), 《성격유형과 팀》, 어세스타, 2018, 3-4쪽.

18 _ 나오미 퀭크 외(김정택 외 3인 譯), 《MBTI Form Q 매뉴얼》, 어세스타, 2013.

19 _ 융은 중년기의 전환이 35세에서 50세에 이르는 나이에 나타난다고 말한다.
캐서린 마이어스·린다 커비(김정택·김명준 譯), 《심리유형의 역동과 발달》, 어세스타, 2013, 19쪽.

20 _ 신혜연, 〈"INFP는 안 뽑습니다"…MBTI에 중독된 한국서 살아남는 법〉, 《중앙일보》, 2022. 3. 13.
권수연·하현종, 〈"그런 회사라면 취업해도 문제다!" 유형별 MBTI 채용 리액션〉,

《SBS》, 2022. 3. 2.

21 _ 데보라 카바니스 외 3인(박용천·오대영 譯), 《정신역동적 정신치료》, 학지사, 2015, 66-67쪽.

북저널리즘 인사이드　　　여덟 개의 코드가
　　　　　　　　　　　모였다 흩어지듯

인간 역사는 언어의 역사다. 인간이 역사를 움직이는 주체인 한, 언어와 사건은 서로를 빚어낸다. 인간은 언어를 통해 나 자신을 표현했고, 타인을 이해했다. 타인과 나 사이의 관계 역시 언어를 통해 형체를 얻었다. 그럼에도 때때로 언어는 무력해진다. 국가적 장벽, 민족적 차이, 정치적 셈법, 이해적 관계 등 다양한 장벽은 언어에게서 소통이라는 본질을 빼앗는다. 본질을 잃은 언어는 공허한 외침이 되어 허공을 떠돈다. 공허한 언어는 파편적인 기능으로 전락해 강압, 평계, 자랑, 편견으로만 남는다. 지금 MBTI는 한국에서 가장 뜨거운 언어다. 어색한 자리에서 우리는 상대방의 MBTI를 묻는다. MBTI를 통해 나 자신의 행동을 되돌아보기도 한다. MBTI는 우리에게 어떤 소통을 가능케 하는 언어일까?

MBTI를 둘러싸고 다양한 이야기가 오간다. MBTI는 과학일까, 혹은 근거 없는 허상일까? MBTI는 10여 년 전 유행했던 혈액형별 성격 특징의 재림에 지나지 않는 걸까? A형이 소심한 사람이 된 것처럼 MBTI도 타인의 성격을 정의하는 손쉬운 방법인 걸까? 최근 한 카페에서 직원을 뽑을 때 MBTI 성격 유형을 요구해 논란이 됐다. 해당 카페의 지원 자격에는 "ENTJ는 지원 불가입니다"가 명시돼 있었다. 비판의 목소리는 거셌지만 다른 의견도 있었다. 몇몇은 MBTI 이전에도 특정 성격을 요구하고, 우대하는 건 자연스러웠다고 말했다. 세상은 MBTI 이전에도 타인의 성격을 도구화하고 나 자신의 성격을 파편화했다. MBTI 현상은 그 파편의 조각을 드러내는 매개체일 뿐이었다. 타인을 배제하고, 편견 속에 가두는 것을 혈액형과 MBTI의 탓으로 돌릴 수는 없다.

MBTI 유형을 구성하는 네 개의 알파벳은 분명 많은 정보를 담고 있다. MBTI는 열여섯 가지로 성격을 패턴화한다. 패턴은 모든 예외를 고려하지 못하지만 개인의 독특성이라는 예외는 새로운 가능성이 되기도 한다. 행간이 더 많은 의미를 전달하는 시적 언어와 같다. "나는 누구인가?"는 답하기 어려운 질문이다. 질문을 하는 '나'라는 주체와 답하는 '나'라는 객체 사이의 거리가 좁기 때문이다. MBTI의 네 가지 알파벳은 나와 나 사이에 적당한 거리를 만들어 준다. 한편으로는 이 알파벳이 타인과 나 사이의 아득한 거리를 좁히기도 한다. 나는 행간에서 나만이 가진 독특한 역사를 보고, 타인과 소통할 힘을 얻는다. MBTI라는 언어가 만드는 긍정적 공백이다.

이곳저곳에서 불려 나오는 MBTI는 자신과 타인의 성격을 구분하고 구별 짓는 뿌리 깊은 구조의 현신일 수도, 동시에 소통을 본질로 삼은 긍정적 행간을 만들려는 시도이기도 하다. 중요한 것은 언어라는 역사를 조각하는 인간이다. MBTI는 구시대적 언어에 머물 수도, 소통 장벽에 마주한 시대의 새로운 언어가 될 수도 있다. 언제나 세상은 새로운 언어를 고안했고, 고민했고, 사용했다. MBTI는 소통의 가능성을 고민하던 전후에 탄생했다.

MBTI를 만든 두 모녀는 기존 구조의 변두리에서 더 나은 사회를 꿈꿨다. 이들은 심리학 전공자도 아니고, 막강한 힘을 가진 기득권 남성도 아니었다. 그럼에도 이들은 언어와 소통의 힘을 믿었고, 더 나은 구조를 위해 고민하는 현재와 장벽을 넘어 소통하는 미래를 바라봤다. 전후로부터 70여 년이 흘렀지만 사회는 쉽게 변하지 않았다. 러시아는 결국 우크라이나를 침공했고, 시리아의 내전은 아직도 끝나지 않았다. 폭발음이 들리지 않는 전쟁과 혐오가 지속된다. 인간 역사는 언어의 역사다. 우리에게 필요한 것은 편견과 평계로서의 MBTI가 아닌 소통을 위한 언어적 도구로서의 MBTI다. MBTI가 전쟁을 멈출 수는 없다. 그러나 누구나 전쟁과 혐오를 성찰하고 더 나은 구조를 고민할 수 있다. 현상이자 언어가 된 MBTI를 더 깊이 바라봐야 하는 이유다.

《당신이 몰랐던 MBTI》는 그 고민의 여정을 함께하는 책이다. 저자는 MBTI 유형 각각에 대한 설명보다는 MBTI라는 검사 도구를 바라보는 시각을 담았다. 한국 사회에서 심리 검사도구는 어떻게 활용되고 있는지, MBTI가 말해주는 것은 무엇인지, 올바른 활용은 무엇이 전제되어야 하는지 등이다. 어떠한 도구든 완벽히 옳거나 그르지 않다. 현명한 사용 방법을 익히는 게 중요할 뿐이다. 다르다고 틀리지 않다. MBTI가 그리는 세상은 'A World of Differences'다.